Die Bibliothek der Wirtschaft
Band 12

Sicherheitsmanagement

Ein Instrument der Ergebnissteuerung

Hans-Peter Ibing

verlag moderne industrie

Dieses Buch wurde mit fachlicher Unterstützung des
HDI Haftpflichtverband der Deutschen Industrie V.a.G. erarbeitet.

Die Deutsche Bibliothek – CIP-Einheitsaufnahme

Ibing, Hans-Peter:
Sicherheitsmanagement : ein Instrument der Ergebnissteuerung /
Hans-Peter Ibing. [HDI]. – Landsberg/Lech :
Verl. Moderne Industrie, 1996
(Die Bibliothek der Wirtschaft ; Bd. 12)
ISBN 3-478-94017-6
NE: GT

Abbildungen: HDI, Hannover
Satz: abc satz bild grafik, Buchloe
Druck: Bosch-Druck GmbH, Landshut
Bindung: Conzella, Urban Meister GmbH, München
Printed in Germany 940017
ISBN 3-478-94017-6

Inhalt

Sicherheitsmanagement als unternehmerische Zielgröße

Jedes unternehmerische Handeln ist mit Risiken verbunden, die das Unternehmensziel gefährden. Mit der technischen Entwicklung, der zunehmenden Sensibilität für Beeinträchtigungen der Umwelt, dem geänderten Anspruchsdenken und dem verstärkten nationalen und internationalen Wettbewerb steigen die Risikopotentiale.

Sicherheitsverantwortung

Verantwortlich für den sicheren Betrieb und damit für die Sicherheit der Beschäftigten, der Umwelt und nicht zuletzt auch der Vermögens- und Sachwerte des Unternehmens ist die Unternehmensleitung. Dies folgt nicht nur aus einer ethischen Verpflichtung, sondern wird durch Gesetze, Verordnungen und vertragliche Vereinbarungen geregelt (Abb. 1).

Schutz der Beschäftigten

Die Verpflichtung zum Schutz der Beschäftigten ist grundsätzlich verankert in

- den §§ 823 und 618 des Bürgerlichen Gesetzbuches,
- § 13 Strafgesetzbuch,
- § 62 Handelsgesetzbuch und
- § 130 Ordnungswidrigkeitengesetz.

Als Detailanforderung findet sich die Schutzverpflichtung des Unternehmers unter anderem in der Gewerbeordnung, der Reichsversicherungsordnung, dem Betriebsverfassungsgesetz, dem Arbeitssicherheitsgesetz, der Arbeitsstättenverordnung und diversen

Abb. 1: Sicherheitsverantwortung als gesetzlich verankerte Verpflichtung

berufsgenossenschaftlichen Unfallverhütungsvorschriften, insbesondere der VBG 1.

Im Umweltschutz sind darüber hinaus durch § 52 a Bundesimmissionsschutzgesetz und § 53 Kreislaufwirtschafts- und Abfallgesetz verschärfte Regelungen dahingehend eingeführt worden, daß der zuständigen Behörde die Betriebsorganisation offenzulegen und ein Mitglied der Unternehmensleitung als Verantwortlicher für die Sicherheitsbelange schriftlich zu benennen ist. Hiermit verbunden ist die Handlungsverpflichtung des verantwortlichen Mitglieds der Geschäftsleitung zur Umsetzung notwendiger Sicherheitsmaßnahmen.

Sachwertschutz

Die Verpflichtung zum Sachwertschutz ergibt sich grundsätzlich aus der Tatsache, daß von Sachschäden stets auch eine Gefahr für Personen und Umwelt ausgeht. Damit überträgt sich die Verantwortlichkeit im Personen- und Umweltschutz zwangsläufig auch auf den Sachwertschutz. Die gesetzlichen Bestimmungen richten sich primär auf den Personenschutz und den Schutz der Umwelt und greifen damit nur bedingt bei der Durchsetzung reiner Sachwert-Schutzmaßnahmen. Hier sind es insbesondere die vertraglichen Vereinbarungen mit dem Versicherer als Risikoträger, aus denen heraus die Verpflichtung des Unternehmers und jedes einzelnen Mitarbeiters zum Schutz der versicherten Sachwerte entsteht.

Wissen und Handeln

Sicherheitsverantwortung ist verbunden mit der Verpflichtung zur Kenntnis und Umsetzung aller für das Unternehmen und seine spezifischen Tätigkeiten erforderlichen technischen Regeln und Anforderungen. Speziell unter dem Aspekt der straf- und haftungsrechtlichen Verantwortung ist hier große Sorgfalt bei der Vermeidung von Defiziten geboten.

Riskmanagement und Sicherheitsmanagement

Mit dem steigenden Risikopotential wächst auch das Sicherheitsbedürfnis von Unternehmen. Nach wie vor steht das Abwälzen erkannter Risiken auf den Versicherer im Vor-

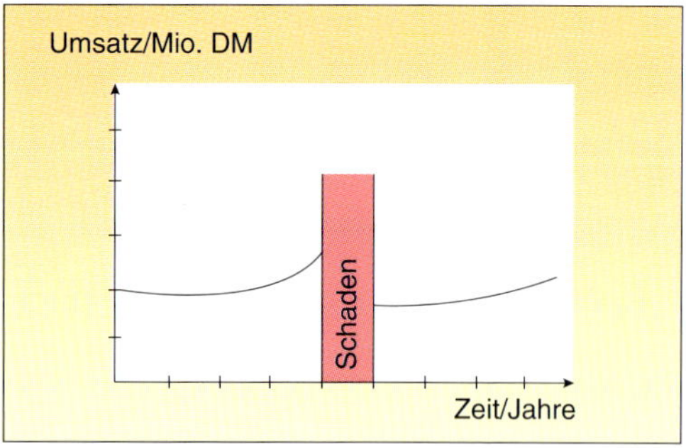

Abb. 2: Großschäden gefährden den wirtschaftlichen Erfolg.

dergrund der Abwehrstrategie. Es setzt sich jedoch immer mehr die Erkenntnis durch, daß der Ausgleich finanzieller Schäden durch den Versicherer zur Unternehmenssicherung alleine nicht ausreicht (Abb. 2). Vielmehr muß es im Eigeninteresse des Unternehmens liegen, durch gezielte Sicherheitsmaßnahmen die Risikoexponierung zu senken und mögliche Schadenfolgen auf ein für das Unternehmen zu verkraftendes Maß zu begrenzen. Dies ist Aufgabe des Sicherheitsmanagements, das einen Teil des Riskmanagements darstellt.

Abb. 3: Die unterschiedliche Steuerbarkeit von Unternehmensrisiken

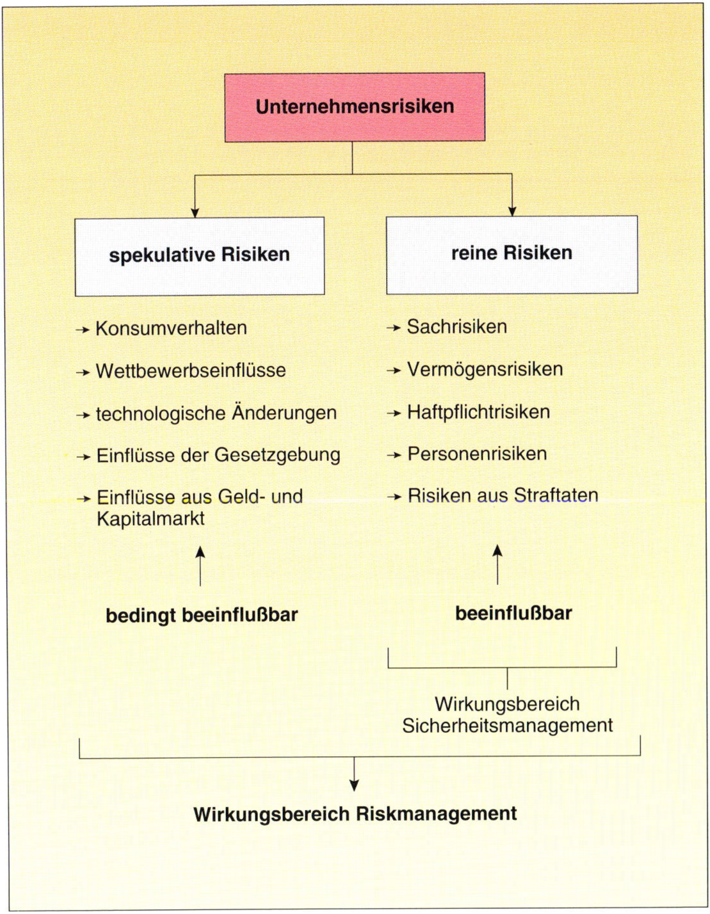

Unkalkulierbare Risiken

Das *Riskmanagement* beschäftigt sich mit allen das Unternehmensziel gefährdenden Risiken: von den technischen Entwicklungs- und Produktionsrisiken über personelle und finanzielle Risiken bis hin zu Währungs- und Marktrisiken. Es umfaßt somit auch Risiken, die sich einer klaren Bewertung und damit auch der gezielten Anwendung von Abwehrstrategien entziehen, und nutzt alle verfügbaren Instrumente der Risikominderung, wobei das Abwälzen des Risikos auf Versicherer und Dritte eine deutliche Priorität hat (Abb. 3).

Steuerbare Risiken

Das *Sicherheitsmanagement* dagegen konzentriert sich auf kalkulierbare und damit steuerbare Risiken des Personen-, Sachwert- und Umweltschutzes. Hauptinstrument des Sicherheitsmanagements ist die Risikominderung durch technische und organisatorische Maßnahmen der Schadenverhütung.

Riskmanagement und Sicherheitsmanagement basieren gleichermaßen nicht auf isolierten Aktivitäten und der Addition von Einzelmaßnahmen, sondern auf einer den speziellen Erfordernissen des Unternehmens angepaßten Sicherheitsstrategie. Beide verstehen sich als Managementaufgabe unter verantwortlicher Einbeziehung der Unternehmensleitung und der motivierten Unterstützung aller im Unternehmen Beschäftigten.

Interessenspartner Industrie und Versicherung

Das Sicherheitsmanagement bestimmt nach sorgfältiger Abwägung aller Einflußgrößen, mit Hilfe welcher Maßnahmen und Mittel die als gefährdend erkannten Risiken zu steuern sind. Auch nach Ausschöpfung aller Möglichkeiten der vorbeugenden Risikominderung wird in aller Regel ein Restrisiko verbleiben, das das Unternehmen nicht übernehmen kann oder will. Dieses Restrisiko wird üblicherweise auf den Versicherer übertragen. Damit geht zugleich auch das Schutzinteresse auf den Versicherer über, so daß beide Partner gleichermaßen an einem störungsfreien Betrieb interessiert sein müssen. Die Risikominderung wird somit zu einer Gemeinschaftsaufgabe, bei der jeder Partner das spezielle Know-how des anderen nutzen und in seine eigenen Sicherheitsüberlegungen einbringen kann (Abb. 4).

Gemeinsames Schutzinteresse

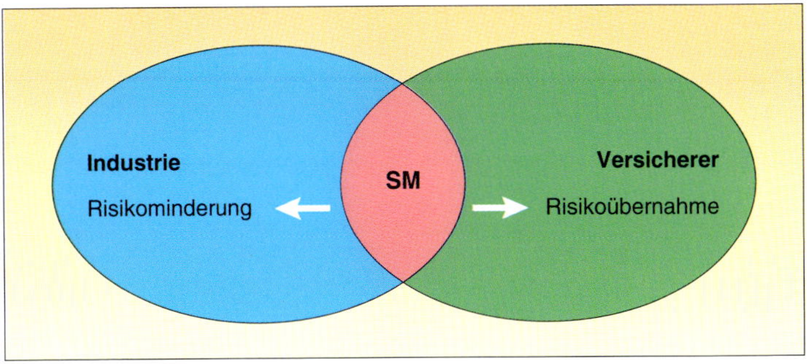

Abb. 4: Sicherheitsmanagement als partnerschaftliche Gemeinschaftsaufgabe

Dieses gemeinschaftliche Agieren von Industrie und Versicherer ist zwingend erforderlich in Anbetracht der Tatsache, daß die Risiken und Schäden seit Jahren steigen und auch weiter steigen werden. Die daraus für die Industrie und für die Versicherer entstehenden Probleme müssen bewältigt werden. Dazu bedarf es auf beiden Seiten eines funktionierenden Sicherheitsmanagements.

Grundsätze des betrieblichen Sicherheitsmanagements

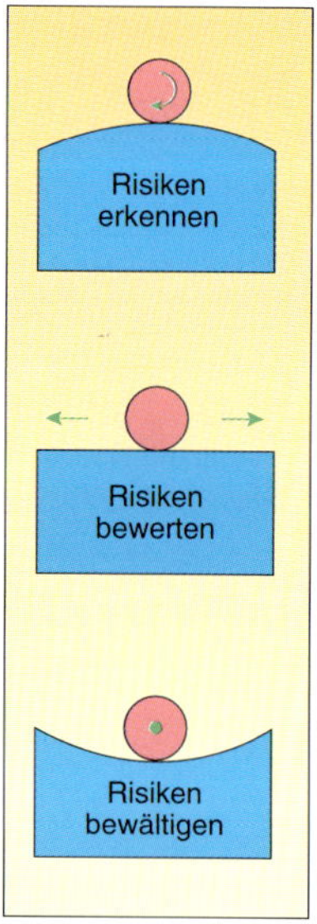

Abb. 5: Risikobeherrschung als Mehrstufenprogramm

Ein funktionierendes Sicherheitsmanagement muß laufend Strategien entwickeln und umsetzen, die dazu geeignet sind, alle diejenigen Risiken zu erkennen, zu bewerten, zu vermindern oder sogar zu vermeiden, die das Unternehmensziel gefährden (Abb. 5). Im Rahmen der Zielvorgabe des Sicherheitsmanagements sind die drei Handlungsstufen des Erkennens, Bewertens und Bewältigens von Risiken gleichrangig; tritt ein Schaden ein, ist es unerheblich, ob dieses Risiko zuvor nicht erkannt, falsch eingeschätzt oder unzureichend abgesichert wurde.

Risiken erkennen

Das Erkennen von Risiken setzt die Fähigkeit voraus, in Szenarien denken zu können. Dies beinhaltet ein gesundes Maß an Schwarzseherei und ist auf der Basis einer gewissen Vorstellungskraft und technischen Grundwissens trainierbar.

Nichts ist unmöglich

Das Erkennen von Risiken setzt zugleich eine möglichst umfassende Erfahrung voraus. Dabei geht es nicht nur um die Kenntnis von Schäden in vergleichbaren Betrieben mit vergleichbaren Risiken, sondern darum, durch allgemeine Schadenkenntnisse ein Gefühl für den Ablauf von Ereignissen und das Eintreten des »Unmöglichen« zu bekommen. Diese notwendigen Schadenkenntnisse lassen sich beispielsweise im Erfahrungsaustausch mit anderen Unternehmen, bei der Mitarbeit in Fachgremien, durch

Fachpublikationen oder auch durch die Schadenstatistiken der Versicherer erwerben.
Für den Sicherheitsmanager ist es wichtig zu wissen, aus welchen häufig unscheinbaren Ursachen heraus Großschäden entstehen können.
Er muß wissen, daß

Kleine Ursachen – große Schäden

- der kleinste Planungsfehler bei der Entwicklung einer Fahrzeugbremse oder die geringste Unterdimensionierung eines Achsbolzens zu teuren Rückrufaktionen und Ersatzansprüchen führen kann,
- eine einzige weggeworfene Zigarettenkippe oder das versehentlich nicht geschlossene Ventil eine komplette Produktionsanlage in Schutt und Asche legen können und
- die materialbedingte Blasenbildung bei der Innenbeschichtung von Rauchgasentschwefelungsanlagen den längerfristigen Stillstand eines ganzen Kraftwerkes zur Folge haben kann.

Risikofaktor Natur

Ein Sicherheitsmanager muß sich darüber im klaren sein, daß ausländische Tochter- und Joint-venture-Gesellschaften nicht nur in San Francisco und Kobe in hohem Maße erdbebengefährdet sind, sondern in gewissem Umfang auch im Rheintalgraben und auf der Schwäbischen Alb. In diesem Zusammenhang sollte er auch wissen, nach welchen nationalen Erdbeben-Baucodes in den einzelnen Ländern gearbeitet wird und welche praktischen Schadenerfahrungen damit vorliegen. Gleiches gilt für Schäden durch Hochwasser, Überschwemmung, Erdrutsch, Haldenrutsch und sonstige Naturereignisse, die hier verfügbaren Sicherungsmaßnahmen und die damit gemachten Erfahrungen.
Das Sicherheitsmanagement muß sowohl das erworbene Gefühl für Risiken als auch die Erfahrungen mit Schäden auf die eigenen betriebsspezifischen Verhältnisse übertragen. In

diesem ersten Schritt der Risikoidentifikation sind alle Risiken zu betrachten, die nicht mit hoher Wahrscheinlichkeit ausgeschlossen werden können, wie allenfalls gewisse Naturgefahren, die bei entsprechender geographischer Lage der Betriebsstätten nicht zu erwarten sind. Dagegen sind die Risiken eines Brandes, eines Umweltschadens oder eines Produkthaftungsfalles fast ebenso latent vorhanden wie das Unfallrisiko. Die Tatsache, daß ein solches Risiko teilweise über Generationen nicht zu einem Schaden geführt hat, ist absolut kein Entlastungsmoment, sondern birgt im Gegenteil die Gefahr in sich, daß Risikopotentiale unterschätzt und notwendige Maßnahmen unterlassen werden. Erfahrungsgemäß verdichtet sich daher die Schadeneintrittswahrscheinlichkeit mit zunehmender Ruheperiode.

Schein und Sein

Risiken bewerten

Im nächsten Schritt sind die erkannten Risiken hinsichtlich ihrer möglichen Folgen für das Unternehmen zu bewerten. Dabei sind gleichermaßen die direkten und die indirekten Folgen zu betrachten. Die direkten Folgen werden unmittelbar durch das Ereignis in Form von Personen-, Vermögens- und Sachschäden ausgelöst. Dazu gehört der durch einen Brand verursachte Betriebsstillstand ebenso wie die Beeinträchtigung der Umgebung infolge einer Explosion oder die durch ein fehlerhaftes Produkt verursachten Personenschäden.

Direkte und indirekte Folgen

Indirekte Folgen sind dagegen nicht unmittelbar durch das Ereignis entstanden, sondern überwiegend von außen kommende Reaktionen der Bevölkerung, Behörden und Geschäftspartner. Dazu gehören die Bürgerinitiative, die sich bildet, um den Wiederaufbau des »gefährlichen Betriebes« zu verhindern, die Behörde, die unter anderem auch unter dem

Druck dieser Initiative die Auflagen verschärft, und die Geschäftspartner, die auf einen anderen Lieferanten ausweichen müssen. Diese mittelbaren Folgen haben direkte Auswirkungen auf den Wiederaufbau, den Weiterbetrieb, das Unternehmensimage und damit letztlich auf die vor dem Schaden erarbeitete Marktposition.

Risikoakzeptanz

Maßgeblich für die Bewertung von Risiken ist die unternehmensspezifische Risikoakzeptanz. Dabei stellt sich die Frage, welches Schadenausmaß das Unternehmen ohne Imageverlust und aus wirtschaftlichen Gründen verkraften kann. Die Akzeptanzschwelle hängt von der Schadeneintrittswahrscheinlichkeit und vom Schadenumfang ab und läßt somit eine Differenzierung in der Bewertung einzelner Risiken zu. Für vorhersehbare Personen- und Umweltschäden muß sie besonders niedrig angesetzt werden. Hohe Sachschadenpotentiale wie Explosionen stellen immer auch ein besonders hohes Gefährdungspotential für Mitarbeiter und die Umwelt dar. Diese Überschneidung von Risikopotentialen verlangt ein methodisches Vorgehen bei der Risikobewertung und eine systematische Analyse der Situation (Abb. 6). Mit verschiedenen Risikoanalyseverfahren läßt sich die Qualität der Aussagen verbessern. Bekannt und verbreitet angewandt sind neben der Schwachstellen- und Fehlerbaumanalyse besonders die PAAG- und HAZOP-Methode sowie die Fehlermöglichkeits- und -einflußanalyse (FMEA).

Worst-case-Fall

Bei der Risikobewertung ist der Worst-case-Fall zu unterstellen, also das Großereignis zu einem möglichst ungünstigen Zeitpunkt in der Hochkonjunktur mit besonders einschneidenden Folgen bis hin zur Lieferunfähigkeit und mit wiederaufbauverzögernden Einflüssen von außen. Der sorgfältigen Erarbeitung einer Betriebsunterbrechungsanalyse kommt besondere

Abb. 6: Qualifizierte Risikoidentifizierung setzt Erfahrung voraus.

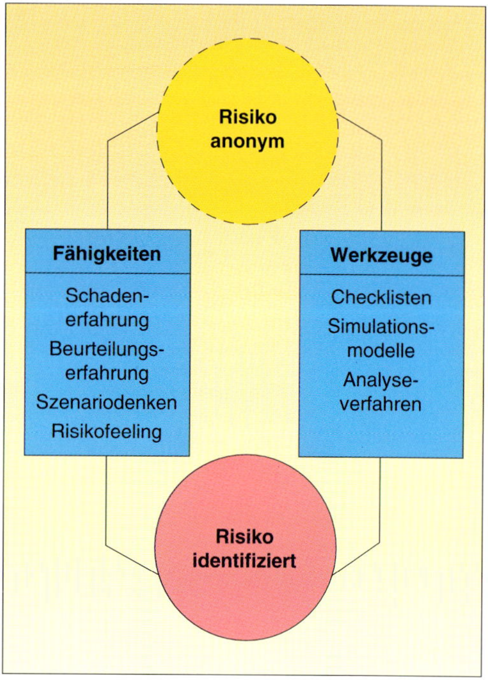

Bedeutung zu. Dabei ist die Unterstützung durch externe Fachleute durchaus anzuraten.

Risiken bewältigen

Auf Bedrohungen reagieren

Als Ergebnis der Risikobewertung werden diejenigen Risiken transparent gemacht, die eine unmittelbare Bedrohung für das Unternehmen darstellen. Im nächsten Schritt legt das Unternehmen fest, wie es auf diese Risiken reagieren und wie es sie bewältigen kann. Dazu stehen folgende Alternativen zur Verfügung:

- Das Unternehmen vermeidet das Risiko, indem es auf risikobehaftete Projekte, Tätigkeiten oder Produkte verzichtet.

- Das Unternehmen übernimmt das Risiko teilweise oder vollständig, indem es Rückstellungen für mögliche Schäden bildet und/oder im Rahmen des Versicherungsschutzes entsprechend hohe Selbstbeteiligungen (Selbstbehalte) vereinbart.
- Das Unternehmen wälzt das Risiko auf den Versicherer und/oder die Geschäftspartner ab durch entsprechende vertragliche Vereinbarungen und im Rahmen der Allgemeinen Geschäftsbedingungen.
- Das Unternehmen mindert das Risiko durch geeignete Maßnahmen der Schadenverhütung.

Von diesen Bewältigungsmethoden ist das Vermeiden von Risiken durch Verzicht auf bestimmte Aktivitäten oder Produkte die in der Industrie unüblichste Methode. Sie wird nur dann angewandt, wenn mit dem Risiko klar erkennbare Personen- und Umweltgefahren verbunden sind und andere Maßnahmen eine ausreichende Risikominderung nicht sicherstellen können.
Die Methoden der Risikoübernahme und des Abwälzens auf Dritte nehmen zwar an Bedeutung ständig zu, stellen aber lediglich ein »Verschieben des Risikos« dar. Die Höhe des Risikos bleibt davon unberührt.

Risiken mindern, Restrisiko abwälzen

Eine wirksame Risikobewältigung muß gleichermaßen die reale Risikominderung und die Entlastung des Unternehmens vom Restrisiko beinhalten. Jede sinnvoll Bewältigungsstrategie wird deshalb die Risikominderung durch Schadenverhütung in den Vordergrund stellen und zur Grundlage der Entscheidung über weitere Bewältigungsmaßnahmen machen.

Praxis des betrieblichen Sicherheitsmanagements

Großbrand als betrieblicher GAU

Die von Industrie und gewerblicher Wirtschaft als bedrohlich angesehenen Risiken spiegeln sich deutlich in dem daraus erwachsenden Versicherungsbedarf wider. Das Schutzbedürfnis konzentriert sich ganz eindeutig auf die Haftpflichtrisiken unter anderem für Beein-

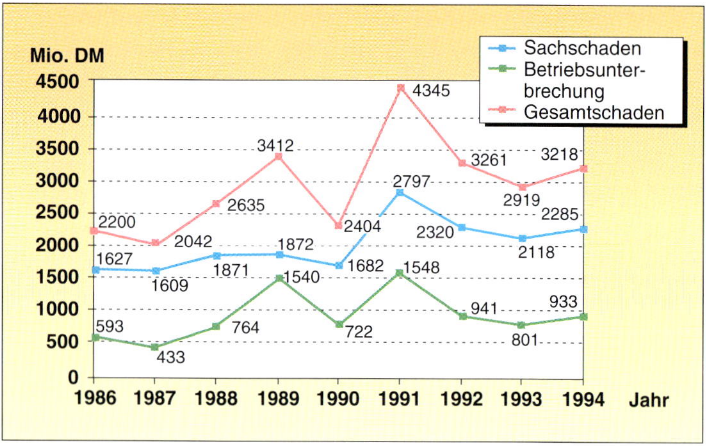

Abb. 7: Gesamtaufwand für industrielle Feuerschäden

trächtigungen der Umwelt und auf die Feuerrisiken einschließlich der dadurch verursachten Betriebsunterbrechungen. Hinsichtlich des möglichen Schadenumfangs und der damit verbundenen unmittelbaren Unternehmensbedrohung nimmt das Feuerrisiko eine eindeutige Spitzenstellung ein (Abb. 7). Mit Einzelschäden bis zu 400 Mio. DM in der

»normalen« Industrie und bis zu 2,5 Mrd. DM in der chemischen Industrie liegen Brände und Explosionen sowohl in der Summe, als auch in der Frequenz der Großereignisse deutlich über allen übrigen versicherten Risiken. Zudem wird der Großbrand zunehmend zu einem öffentlichkeitswirksamen Umweltereignis mit allen daraus für das betroffene Unternehmen entstehenden Folgen. Wie spektakuläre Fälle dieser Art gezeigt haben, ist es das additive Risikopotential aus dem Brand, den dabei freigesetzten Stoffen und deren Auswirkungen auf die Umwelt, die das Gesamtrisiko Brand ergeben. Und dies gilt, wie der Brandfall in einem Kunststoff-Recyclingbetrieb deutlich gemacht hat, keineswegs nur für Chemierisiken. Somit wird der Großbrand bei der Betrachtung der betrieblichen Risiken zum größten anzunehmenden Unfall (GAU) und zu einer Kernaufgabe für das Sicherheitsmanagement.

Additives Risikopotential

Schadenentwicklung

Die Zahl der innerhalb eines Kalenderjahres anfallenden industriellen Feuerschäden in Deutschland hat seit 1986 um 30 % abgenom-

Abb. 8: Aufwand für industrielle Feuerschäden über 1 Mio. DM Schadenaufwand

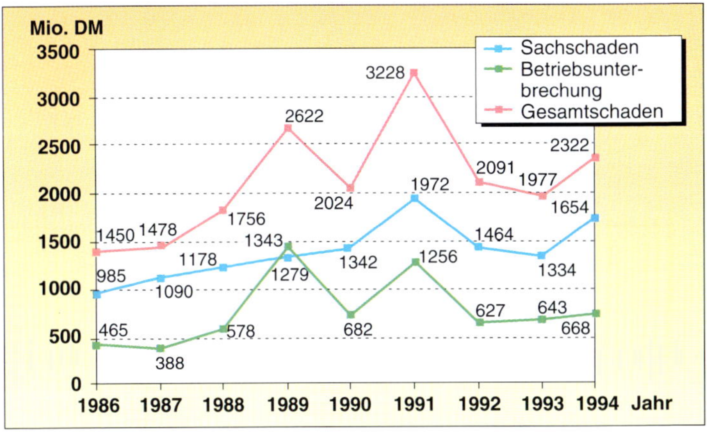

men. Im gleichen Zeitraum hat aber der Aufwand der Feuerversicherer um 60 % zugenommen mit zwischenzeitlichen Spitzen von knapp 100 %. Alarmierend ist ebenso, daß gut 65 % des Gesamtschadens auf Großbrände mit über 1 Mio. DM Schadensumme entfallen, wobei der Anteil solcher Großschäden zahlenmäßig nur bei etwa 1 % (!) aller Brände liegt (Abb. 8). Das bedeutet, daß die Schäden immer teurer werden, daß sich insbesondere die Betriebsunterbrechungszeiten zunehmend

Gravierendere Folgen

verlängern und daß damit letztlich die Folgen für das Unternehmen immer gravierender werden.

Diese Entwicklung führt nicht nur dazu, daß immer mehr von einem Großschaden betroffene Unternehmen trotz ausreichenden Versicherungsschutzes nicht mehr Anschluß an den Markt finden und Opfer tiefgreifender Änderungen bis hin zur Betriebsaufgabe werden. Die Entwicklung führt auch dazu, daß sich die Feuerversicherer als Risikoträger immer ernsthafter die Frage stellen müssen, ob und inwieweit besonders exponierte Risiken überhaupt noch versicherbar sind.

Tab. 1: Erkannte Ursachen sind vermeidbare Ursachen.

Schadenursache	Anzahl		Aufwand in Mio. DM	
	Summe	%	Summe	%
Brandstiftung	2119	12,7	491	26,3
sonstige/unbekannt	4004	24,1	429	23,0
Elektrizität	2146	12,9	361	19,4
offenes Feuer	2330	14,0	166	8,9
Explosion	907	5,5	158	8,5
Überhitzung	823	4,9	80	4,3
feuergefährliche Arbeiten	1010	6,1	76	4,1
Selbstentzündung	654	3,9	50	2,7
Blitzschlag	2281	13,7	33	1,8
menschliches Fehlverhalten	366	2,2	22	1,2

Schadenursachen und Schadenfolgen

Die Schadenentwicklung im industriellen Feuergeschäft ist weder zufällig noch unabwendbar. Sie ist vielmehr das Ergebnis einer Vielzahl von Einflußgrößen, die durch technische und organisatorische Maßnahmen des Sicherheitsmanagements steuerbar wären. Statistisch sind 80 % aller Brandschäden Wiederholungsfälle, die auf vorher erkennbare Mängel zurückzuführen sind (Tab. 1). Somit steht einem wirksam eingesetzten Sicherheitsmanagement eine breite Basis an Mängel- und Schadenerfahrungen zur Verfügung, die das Lernen am eigenen Schaden entbehrlich machen.

80% Wiederholungsfälle

Einfluß der Konjunktur auf die Schadenentwicklung

Wirtschaftliche Konjunkturlage und Schadenverlauf im industriellen Feuergeschäft verlaufen seit Jahrzehnten erkennbar parallel. In Zeiten der Hochkonjunktur liegt das Schadenniveau hoch, in Zeiten der Rezession gehen auch die Schäden zurück. Beides geschieht ohne zeitliche Verschiebung, also direkt und sehr sensibel miteinander gekoppelt.

Risikozyklen

Diese einfache statistische Erkenntnis hat unter Umständen dramatische Folgen für das vom Schaden betroffene Unternehmen: es wird genau zum Zeitpunkt höchster Absatzchancen in seiner Lieferfähigkeit stark beeinträchtigt oder gar lieferunfähig. Und dieser Zustand kann im Falle eines Großschadens 12, 18, 24 und im Extremfall auch über noch mehr Monate andauern. Es ist nicht nur der nicht mehr belieferte Kunde, der auf einen anderen Lieferanten ausweichen muß und dann nur schwer zurückzugewinnen ist, es sind nicht nur fehlender Umsatz und Ertrag und die erhöhte Gefährdung von Image und Marktposition, es sind auch die Tatsachen, daß

- die zur Schadenminderung notwendigen Zukaufprodukte nicht in ausreichender Menge und Qualität oder nur zu deutlich überhöhten Preisen verfügbar sind,
- bisher theoretisch vorhandene Ausweichkapazitäten im eigenen Konzern oder bei Dritten wegen Eigenauslastung nicht mehr in gleichem Maße zur Verfügung stehen und
- die bisher kalkulierten Nachlieferzeiten für zerstörte technische Einrichtungen wegen generell vorhandener Lieferengpässe nicht eingehalten werden können.

Abb. 9: Regelmäßige Wartung und Kontrolle erhöhen die Verfügbarkeit technischer Einrichtungen.

Aus diesen Gründen müßte eigentlich jedes Unternehmen ein eminentes Interesse daran haben, daß gerade zu Zeiten der Hochkonjunktur ein derartiger Großschaden nicht eintritt, und es müßte ein ebenso eminentes Interesse daran haben, daß gerade in solchen Zeiten alle technischen und organisatorischen Sicherheitsmaßnahmen einwandfrei funktionieren und die technischen Einrichtungen durch regelmäßige Wartung und Kontrolle optimal verfügbar gehalten werden (Abb. 9).
Tatsächlich ist in der Praxis genau das Gegenteil der Fall. Es herrschen Hektik, Arbeitsstreß und Überlastung. Alles, was die Produktion stört, ist unerwünscht und wird deshalb unterlassen oder hinausgeschoben. Was die Umsetzung sicherheitstechnischer Maßnahmen betrifft, so fehlen während der wirtschaftlichen Hochkonjunktur scheinbar immer die Zeit und während der wirtschaftlichen Rezession immer das Geld.
Es ist Aufgabe des Sicherheitsmanagements, diesem unternehmensgefährdenden Risikozyklus wirkungsvoll zu begegnen.

Einfluß der Produktionstechnik auf die Schadenentwicklung

Hochspezialisierte Technik

Die Entwicklung der Fertigungstechnik geht unvermindert weiter in Richtung hochspezialisierter technischer Einrichtungen, die nicht als Standardware auf dem Markt verfügbar sind, sondern als Spezialanfertigung zu teilweise extrem langen Lieferzeiten führen.
Wenn im Brandfall eine Maschineneinheit oder ein Fertigungszentrum zerstört werden und die dem Brandrauch ausgesetzten benachbarten Anlagen sanierungsfähig bleiben, dann dürfte es in der Regel möglich sein, unter Nutzung aller Möglichkeiten und mit viel Druck innerhalb von drei bis vier Wochen eine Ersatzanlage zu beschaffen und zusam-

men mit den sanierten Einrichtungen wieder anzufahren. Wenn aber drei, vier oder mehr Maschineneinheiten oder Fertigungszentren irreparabel betroffen sind, dann stehen dafür die Nachlieferkapazitäten einfach nicht mehr zur Verfügung und die Wiederbeschaffungszeiten vervielfachen sich häufig bis deutlich über ein Jahr hinaus. War früher meistens die Wiedererrichtung eines brandzerstörten Gebäudes zeitbestimmend, so ist es heute ohne Zweifel die Fertigungstechnik. Damit ist man zugleich der Möglichkeit beraubt, in angemieteten Räumen oder Behelfsbauten wie leichten Hallenkonstruktionen, Traglufthallen oder Zelten die Fertigung kurzfristig provisorisch fortzusetzen.

Vielfache Wiederbeschaffungszeit

Neben den erhöhten Wiederbeschaffungszeiten kommt bei der modernen Fertigungstechnik ein weiterer, für die Schadenentwicklung gravierender Einfluß hinzu:

Empfindliche Elektronik

Der hohe Automatisierungsgrad bedingt den zunehmenden Einsatz elektrischer Energie und elektronischer Steuereinrichtungen. Das hat einerseits eine steigende Empfindlichkeit der technischen Einrichtungen gegen korrosiven Brandrauch zur Folge und bedeutet andererseits im Brandfall eine verstärkte Freisetzung von korrosiven Stoffen. Dies trifft insbesondere auf PVC als Kabelisolierung zu. Beim Abbrand von PVC entsteht Chlorwasserstoff (HCl), das sich mit Luftfeuchtigkeit zu äußerst korrosiver Salzsäure verbindet. Bei elektronischen Einrichtungen ist damit zu rechnen, daß bereits eine 5%ige Salzsäurelösung zu irreparablen Schäden oder Spätschäden führen kann (Abb. 10). Beim Abbrand von nur 1 kg PVC betrifft dies elektronische Einrichtungen auf einer Produktionsfläche von über 3000 m^2. Diese Tatsache wird gestützt durch die Schadenentwicklung, die bereits seit Jahren eine deutliche Verschiebung in der Relation zwi-

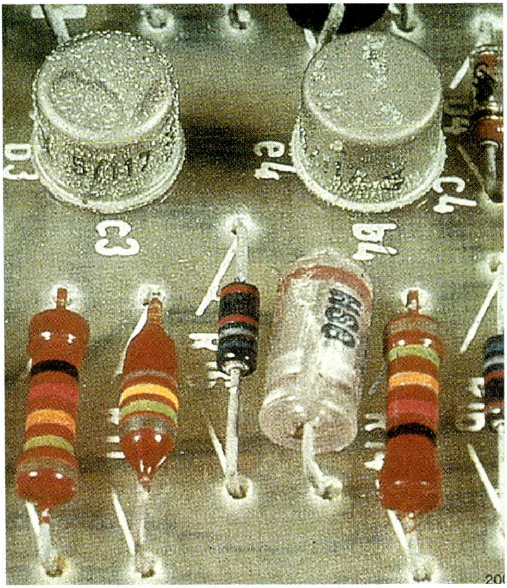

Abb. 10: Elektronische Bauteile reagieren besonders sensibel auf aggressiven Brandrauch.

Folgeschäden durch Brandrauch

schen thermischer Vernichtung durch unmittelbare Brandeinwirkung und Folgesachschäden durch korrosiven Brandrauch zeigt. Klammert man Totalschäden als für diese Betrachtung irrelevant aus, dann liegt das Verhältnis von thermischen Schäden zu Folgeschäden insgesamt bei etwa 1:4 bis 1:5, in Extremfällen bei 1:40 bis 1:100.

In einem Maschinenbaubetrieb hatte man eine Fertigungseinheit während des Umbaus zum Schutz der übrigen Anlagen mit einer PVC-Folie eingehaust, um darunter Schweißarbeiten durchzuführen. Dabei wurden in der Anlage vorhandenes Restöl und andere brennbare Materialien entzündet, wobei die betroffene Maschine stark beschädigt wurde und die PVC-Folie verbrannte. Der unmittelbare thermische Schaden betrug 1 Mio. DM, die Rauchfolgeschäden in der übrigen Fertigung und die daraus entstehende Betriebsunter-

brechung schlugen dagegen mit 40 Mio. DM zu Buche.
Bei einem Elektromotorenhersteller kam es zu einem Brand innerhalb einer Aufsichtskabine, wobei unter anderem PVC-Kabelisolierungen und ein PVC-Abflußrohr verbrannten. Der reine Sachschaden betrug knapp 90 000 DM, der Gesamtschaden durch Rauchfolgen und Betriebsunterbrechung lag bei 9 Mio. DM.
Das Risiko der Rauchfolgeschäden wird trotz dieser Erkenntnis nach wie vor von den Anlagenerrichtern, den Betreibern, den Sicherheitsverantwortlichen und den Feuerwehren unterschätzt. Durch geeignete Maßnahmen muß dafür Sorge getragen werden, daß einerseits ein Brand rechtzeitig erkannt und bekämpft werden kann und andererseits eine großflächige Rauchausbreitung verhindert wird. Dazu müssen die übergroßen Produktionsflächen durch Zwischenwände verkleinert, Rauchschürzen installiert, wirksame Maßnahmen der Rauch- und Wärmeabführung geschaffen und Maßnahmen zur Brandfrüherkennung eingerichtet werden.

Produktionsflächen klein halten

Es ist Aufgabe des Sicherheitsmanagements, derartige Maßnahmen auf der Basis realistischer Szenarien zu konzipieren und durchzusetzen.

Einfluß moderner Industriebauweisen auf die Schadenentwicklung

Die produzierende Industrie verlangt eine nutzungsgerechte, wirtschaftliche Bauweise und einen ungehinderten Produktefluß innerhalb der Fertigungsstätten. Die diesen Forderungen angepaßte Standardbauweise verwendet eine ungeschützte Stahlkonstruktion mit Trapezblech-Außenwänden und Trapezblech-Dächern, überwiegend mit brennbarer Dämmung und bituminöser Dachhaut. Trotz aller günstig erscheinenden bau- und wärmetechnischen Ei-

Standardbauweise …

genschaften dieser Konstruktionen darf nicht verkannt werden, daß die verwendeten brennbaren Baustoffe grundsätzlich zur schnellen Brandausbreitung im Gebäude beitragen können. Dabei könnte unter Umständen die Sprinkleranlage überlaufen und wirkungslos gemacht werden. Zudem besitzen ungeschützte Stahlkonstruktionen keine definierte Feuerwiderstandsdauer, so daß die Möglichkeit eines wirksamen Innenangriffs durch die Feuerwehr stark eingeschränkt wird. Die Praxis hat gezeigt, daß ab einer Branddauer von ca. 10 min mit einem thermischen Kollaps der tragenden Konstruktion gerechnet werden muß, so daß sich die Feuerwehr wegen der Gefährdung der Einsatzkräfte dann im wesentlichen auf den Umgebungsschutz beschränken muß (Abb. 11).

... ohne definierte Feuerwiderstandsdauer

Abb. 11: Die Dachschalung kann zum brandschutztechnischen Schwachpunkt werden.

Das bauliche Risikopotential wird noch dadurch verschärft, daß man es als Folge der produktionstechnischen Anforderungen überwiegend mit großen, brandschutztechnisch nicht oder nur unzureichend getrennten Produktions-

Brandabschnitte

flächen zu tun hat. Theoretisch geben die Bauordnungen der Länder eine maximale Brandabschnittsgröße von 1600 m^2 vor, die durch eine Brandwand ohne oder mit geschützten Öffnungen gegen angrenzende Brandabschnitte zu sichern ist. Das deutliche Überschreiten dieser Brandabschnittsgröße war in der Vergangenheit in Abhängigkeit von der Nutzungsart meist verbunden mit der behördlichen Auflage zur Vollsprinklerung der Produktionsfläche. Dieser im Ermessensspielraum der Genehmigungsbehörde liegende »Kompensationszwang« ist immer mehr aufgeweicht, so daß wir es heute in großem Umfang mit ungetrennten und zugleich ungeschützten Produktionsflächen von 5000 m^2, 10 000 m^2 und auch deutlich mehr zu tun haben. Im Brandfall bedeutet dies nicht nur die erhöhte Gefahr einer schnellen, weitflächigen Brandausbreitung, sondern es bedeutet auch trotz schnellen Eingreifens der Feuerwehr und trotz Vorhandenseins stationärer Löschanlagen eine großflächige Ausbreitung korrosiven Brandrauchs mit entsprechenden Folgeschäden.
Das Sicherheitsmanagement muß diese brandschutztechnisch negativen Einflußgrößen bei der Planung rechtzeitig berücksichtigen und entsprechende Schutzmaßnahmen durchsetzen.

Schadenerweiternde Zusatzeinflüsse

Wertkonzentration in Produktion …

Die genannten Schadenursachen werden begleitet durch zunehmende Wertkonzentrationen in der Produktion und in Lagerbereichen. Einzelwerte von Bearbeitungszentren innerhalb der Produktion von 5 Mio. DM sind heute ebenso Standard wie der Wertinhalt einer brandschutztechnisch nicht getrennten Produktionshalle von 100 Mio. DM oder eines Prozeßfeldes von 200 Mio. DM. Bei Hochregalanlagen fängt die mittlere Wertinhalt bei 100 Mio. DM an und geht in Extremfällen bis 800

*Abb. 12:
In einem Fertigwarenlager vereinen sich häufig hoher Wertinhalt, hohe Brandbelastung und schnelle Einsturzgefahr.*

... und Lager

Mio. DM (Abb. 12). Neben der extrem hohen Schadenexponierung können gerade Hochregalanlagen zu einem eklatanten betrieblichen Engpaß werden, wenn es sich um ein Zulieferlager für die Produktion handelt. Bereits kleinste Brandereignisse können hier zu gravierenden Folgeschäden führen, wenn beispielsweise die EDV-Steuerung für die automatischen Regalfördergeräte betroffen und bei einem chaotischen Lagersystem ein Zugriff auf die Ware praktisch nicht mehr möglich ist.

Eine zusätzliche schadenerweiternde Einflußgröße schiebt sich immer mehr in den Vordergrund, nämlich die Entsorgungsproblematik

Kontaminierter Brandschutt

nach einem Brandschaden. Im Brandfall werden oftmals eine Reihe von Stoffen, auch solche mit toxischen Eigenschaften, freigesetzt. Je länger ein Gebäude im Brandfall geschlossen bleibt, je weniger Schadstoffe also mit dem Brandrauch abgeführt werden, desto intensiver ist die Kontamination des Brandschuttes und desto schwieriger wird unter Umständen die anschließende Entsorgung (Abb. 13). Daraus entstehen einerseits erhebli-

Abb. 13: Die Entsorgung nach einem Brandfall wirft zunehmend Probleme auf.

che Zusatzkosten für die durchzuführenden Analysen von 10 000 DM im Normalfall bis zu 100 000 DM in Sonderfällen sowie Deponiekosten von 200 bis 800 DM/t für kontaminierten Brandschutt und bis zu 5500 DM/t für hochtoxische Sonderabfälle. Andererseits führen die Durchführung und Auswertung der Analysen, die Deponiefreigabe, die Transportgenehmigung und sonstige formelle Voraussetzungen zu unter Umständen erheblichen zeitlichen Verzögerungen beim Aufräumen der Schadenstätte und damit zur Verlängerung der Betriebsunterbrechungszeit.

Schadenentwicklungstendenzen

Es ist nicht zu erwarten, daß die genannten wesentlichen Ursachen für die Schadenentwicklung kurzfristig eine positive Änderung erfahren. Vielmehr ist davon auszugehen, daß andere Einflußgrößen die derzeitige Situation verschärfen werden.

Steigende Abhängigkeit

Die in immer mehr produzierenden Betrieben konsequent *verringerte Fertigungstiefe* verlagert zwar das Kosten- und Produktionsrisiko weiter auf Dritte, führt aber zu steigenden Abhängigkeiten mit der zunehmenden Gefahr von Rück- und Wechselwirkungsschäden (Abb. 14). Gleichzeitig reduziert sich die Steuerbarkeit der Risiken, da die Eingriffsmöglichkeiten des eigenen Sicherheitsmanagements auf die Risikominderungsmaßnahmen der Zulieferer zumindest zur Zeit noch sehr eingeschränkt sind. Die praktische Erfahrung zeigt, daß sehr häufig gravierende Unterschiede im Sicherheitsstandard der voneinander abhängigen Partnerbetriebe bestehen. Entweder wird die Tragweite vorhandener sicherheitstechnischer Defizite nicht erkannt oder die wirtschaftlichen Möglichkeiten eines Partners würden überfordert. Insbesondere dann, wenn es sich um den alleinigen Zulieferer eines wesentlichen Montageteiles handelt, ist ein erhöhtes Risiko kaum zu rechtfertigen. Gerade in diesen Fällen wird deshalb das Sicherheitsmanagement zukünftig ein breites und sehr wichtiges Betätigungsfeld haben.

Sicherheitsmanagement bei Partnern

Das Abhängigkeitsrisiko wird weiter verschärft bei Anwendung der *Just-in-time-Produktion*. Jeder Schaden beim Zulieferer schlägt unmittelbar auf den Abnehmer durch, und jeder Produktionsstillstand beim Abnehmer gefährdet den Zulieferer. Dies trifft nicht nur auf den Brandfall als das in der Regel schwerwiegendste Ereignis zu, sondern auch auf das techni-

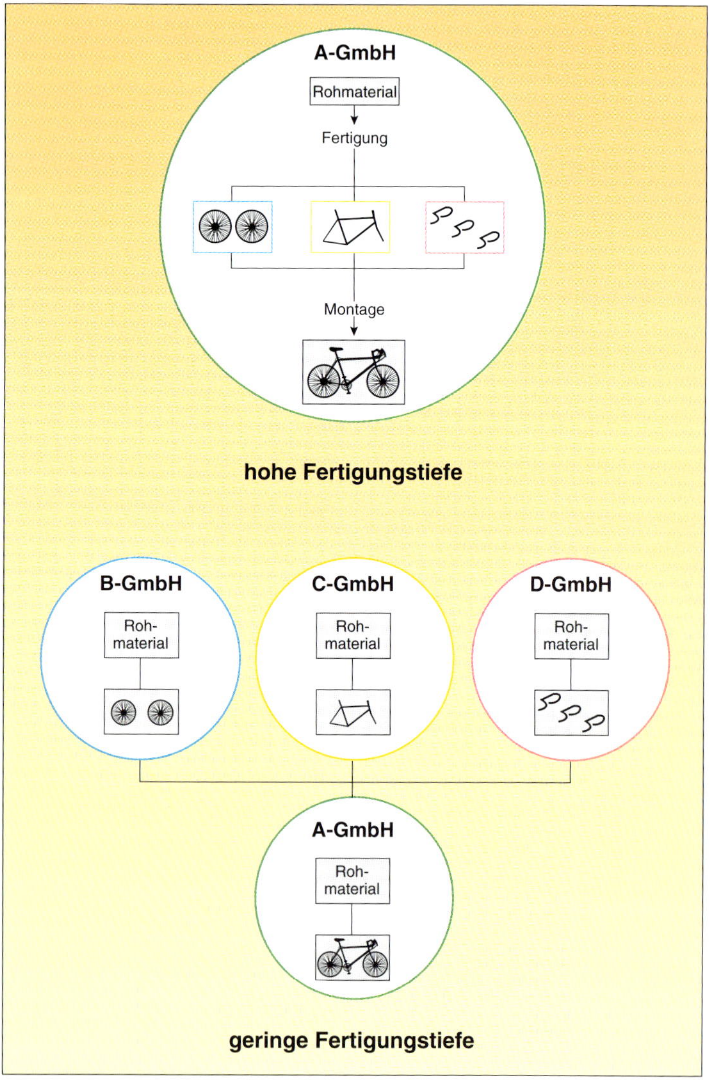

Abb. 14: Je geringer die Fertigungstiefe, desto größer das Abhängigkeitsrisiko von Zulieferern.

sche Versagen einzelner Produktionseinheiten oder auf den Transportunfall, in dessen Folge sich die Anlieferung stark verzögert.
Verringerte Fertigungstiefe und Just-in-time-Produktion entwickeln sich immer mehr zu einer wirtschaftlich sinnvoll erscheinenden Zwangskombination. Dadurch addieren sich jedoch auch die damit verbundenen Risiken.
Die *Umweltsensibilität* wird weiter zunehmen. Ein Großschaden schürt Ängste und das Gefühl, immer schon gewußt zu haben, daß »so etwas passieren mußte«. Dazu kommen gerade im Brandfall Unkenntnis und Unsicherheit über freigesetzte Schadstoffe sowie die Schwierigkeit der Folgenabschätzung

Abb. 15: Der Brandfall schürt die Ängste vor Schadstoffen.

(Abb. 15). Neben der mentalen Komponente spielt dabei eine wichtige Rolle, daß es für einen Großteil der im Brandfall entstehenden Schadstoffe keine verbindlichen Grenzwerte gibt und damit die Gefahrenabschätzung häufig auf der Basis einer Interpretation verfügbarer Grenzwerte durch Behörden und Sachverständige erfolgen muß.

Fehlende Grenzwerte

Betriebliches Schadenszenario

Das Sicherheitsmanagement muß das theoretische Wissen über Schadenursachen auf die spezifischen Gegebenheiten des Unternehmens übertragen. Dabei sind alle Risiken einzubeziehen, die nicht mit größter Sicherheit ausgeschlossen werden können. Beim Brandrisiko ist im Grunde also jede Zündursache bis hin zur Brandstiftung zu unterstellen. Auf dieser Tatsache ist ein Schadenszenario aufzubauen, aus dem heraus die möglichen Ablaufvarianten des Ereignisses zu entwickeln sind.

PML-Szenario

Grundlage ist das PML-Szenario, bei dem die ungünstigsten Umstände unterstellt und vom weitgehenden Versagen vorhandener Sicherheitseinrichtungen ausgegangen wird. Bei dieser Betrachtung des wahrscheinlichen Höchstschadens (PML = Probable Maximum Loss) werden beispielsweise das Vorhandensein einer Sprinkleranlage, die Verfügbarkeit einer Berufsfeuerwehr und in aller Regel auch die bauliche Brandabschnittsunterteilung durch Brandwände nicht als schadenmindernd berücksichtigt. Damit trägt dieses Szenario vorsorglich den technischen Versagensmöglichkeiten und dem nach wie vor aktuellen Brandstiftungsrisiko Rechnung. Maßgeblich sind letztlich allein die Fragen, wie weit sich ein Brand aufgrund der baulichen Gegebenheiten und der vorhandenen Brandlasten ausdehnen kann und wo er durch wirksame räumliche Trennungen oder mangels Brandgut seine natürliche Grenze findet.

Betriebsunterbrechungsszenario

Auf den aus dem Sachschadenszenario gewonnenen Erkenntnissen baut das Betriebsunterbrechungsszenario auf. Kernfrage dabei ist, wann der Betrieb unter Berücksichtigung von Ausweich- und Zukaufmöglichkeiten die Produktion sicher wiederaufnehmen und gegebenenfalls schrittweise auf volle Kapazität steigern kann. Maßgeblich hierfür sind einerseits die Wiederbeschaffungszeiten für die technische Einrichtung und andererseits externe Einflüsse, die speziell aus der Sicht des Umweltschutzes das Genehmigungsverfahren verzögern können. Auf der Basis des sich daraus ergebenden Zeitrahmens sind die wirtschaftlichen Folgen für das Unternehmen abzuschätzen.

Die Brandschadenstatistik zeigt deutlich, daß die mit einer Betriebsunterbrechung nach einem Brand verbundenen Schäden fast ausnahmslos deutlich größer sind, als die eigentlichen Sachschäden. Der Faktor liegt je nach Branche zwischen 2 und 3. Das Durchspielen betrieblicher Schadenszenarien sollte daher unterstützt werden durch die Durchführung detaillierter Betriebsunterbrechungs- oder zumindest Engpaßanalysen. Das Ergebnis muß zeigen, welche Betriebsbereiche und Einrichtungen besonders empfindlich auf Ausfälle reagieren und wo ein Brandschaden das Unternehmen am härtesten trifft. Genau hier ist vordringlich mit entsprechenden Risikominderungsmaßnahmen anzusetzen.

Engpaßanalyse

Das Ergebnis der Szenarioüberlegungen ist Grundlage für die Entscheidung, wie die im Unternehmen als bedrohlich erkannten und bewerteten Risiken zu bewältigen sind. Maßstab für die Dringlichkeit der Umsetzung ist die unternehmensspezifische Risikoakzeptanzschwelle. Sie gibt vor, welches Schadenausmaß das Unternehmen unabhängig von einem bestehenden Versicherungsschutz aufgrund gesetzlicher Vorgaben, der Ergebnisverantwortung und unter besonderer Berücksichtigung möglicher Personen- und Umweltschäden akzeptieren kann und darf. Es hat sich bewährt, dazu eine Risikomatrix zu erstellen, in der das mögliche Schadenausmaß als Funktion von Schadeneintrittswahrscheinlichkeit und Scha-

Risikomatrix

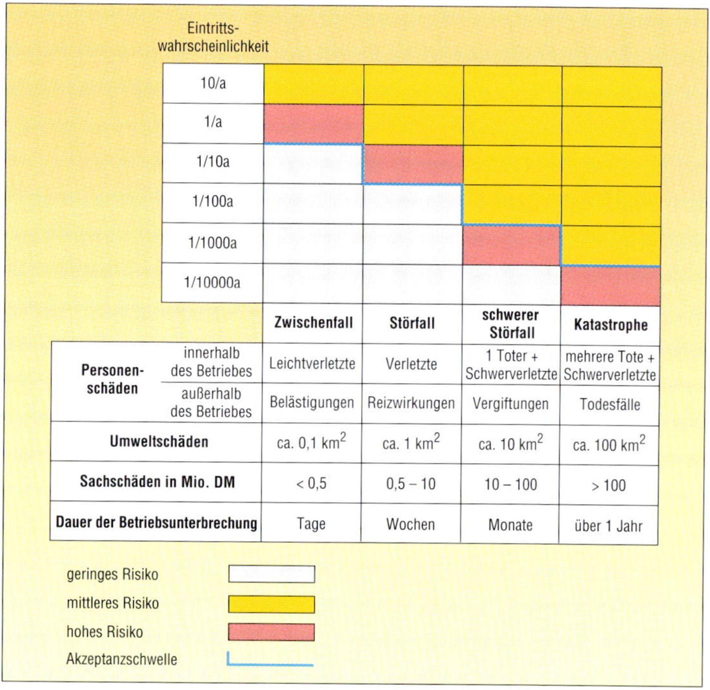

		Zwischenfall	Störfall	schwerer Störfall	Katastrophe
Personen-schäden	innerhalb des Betriebes	Leichtverletzte	Verletzte	1 Toter + Schwerverletzte	mehrere Tote + Schwerverletzte
	außerhalb des Betriebes	Belästigungen	Reizwirkungen	Vergiftungen	Todesfälle
Umweltschäden		ca. 0,1 km^2	ca. 1 km^2	ca. 10 km^2	ca. 100 km^2
Sachschäden in Mio. DM		< 0,5	0,5 – 10	10 – 100	> 100
Dauer der Betriebsunterbrechung		Tage	Wochen	Monate	über 1 Jahr

Abb. 16: Festlegung der betriebsspezifischen Akzeptanzschwelle in einer Risikomatrix

denumfang definiert und dem so definierten Ereignis die jeweilige Akzeptanzschwelle zugeordnet wird (Abb. 16). Die Risikomatrix regelt so unternehmenseinheitlich, für welches Ereignis Maßnahmen zur Risikominderung zwingend erforderlich sind. Wichtigstes Instrument der Risikominderung ist die Schadenverhütung.

Risikominderung durch Schadenverhütung

Rund 22 000 industrielle Feuerschäden pro Jahr und damit fast 60 Brände an jedem Tag machen das Risikopotential und damit die zwingende Notwendigkeit zur Umsetzung brandschutztechnischer Maßnahmen drastisch deutlich. Dabei sind gleichermaßen der vorbeugende Brandschutz zur Verminderung der Entstehungs- und Ausbreitungsgefahren und der abwehrende Brandschutz zur Reduzierung des Schadenumfangs durch wirksame Bekämpfung zu berücksichtigen. Die Umsetzung erfolgt gleichermaßen durch organisatorische Brandschutzmaßnahmen, die Grundlage des Brandschutzes und damit obligatorisch für jeden Betrieb sind, und durch technische Brandschutzmaßnahmen, die den spezifischen Risikoverhältnissen anzupassen sind. Auf einige wesentliche Maßnahmen wird nachstehend eingegangen.

Vorbeugender und abwehrender Brandschutz

Baulicher Brandschutz

Die Maßnahmen der Schadenverhütung müssen bereits bei der Planung von Betriebs- und Produktionsstätten mit den Fragen nach dem Standort, der Bausubstanz, der Größe und Anordnung von Gebäuden, der Einrichtung von Brandabschnitten, Entrauchungsmöglichkeiten, einer Löschwasserrückhaltung und sonstigen baulichen Sicherungsmaßnahmen beginnen (Abb. 17). Der Aufwand für in der Planungsphase von Neu- und Umbauten rechtzeitig berücksichtigte Brandschutzmaßnahmen liegt zwischen 3 und 5 % der Baukosten; der Nachrüstaufwand beträgt 4,5 bis 10 %.

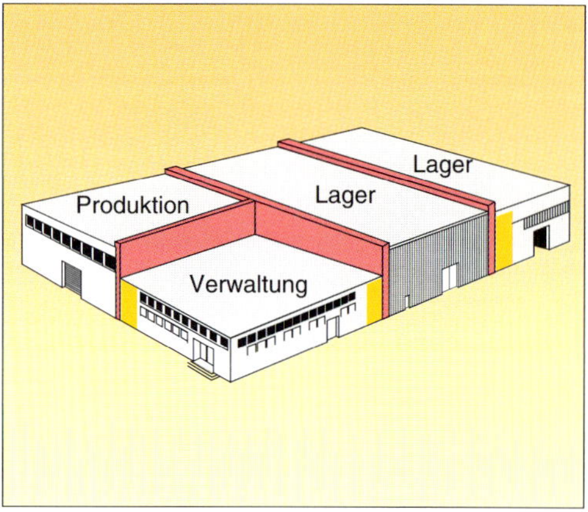

Abb. 17: Rechtzeitige Planung baulicher Trennmaßnahmen

Baustoffe und Bauteile

Ein wesentlicher Aspekt des baulichen Brandschutzes ist die Verwendung von Baustoffen und Bauteilen, die sich zum einen nicht an der Brandausbreitung beteiligen und zum anderen durch ihre Feuerwiderstandsdauer die Brandausbreitung verhindern und einen wirksamen Innenangriff der Feuerwehr zulassen. Sie schaffen die Voraussetzung dafür, daß bei einem rechtzeitigen Feuerwehreinsatz der Totalschaden vermieden und wesentliche Teile der technischen Einrichtungen und des Gebäudes nach entsprechender Sanierung wiederverwendet werden können. Dies ist ein wesentlicher und notwendiger Beitrag zur Verkürzung der Betriebsunterbrechungszeit und weitergehender Folgen.

Aus dieser Zielsetzung ergibt sich im allgemeinen die Forderung nach der Verwendung nichtbrennbarer Baustoffe und – in Abhängigkeit von der betrieblichen Brandlast – entsprechend feuerwiderstandsfähiger Bauteile. Beim Einsatz brennbarer Baustoffe, insbesondere brennbarer Dachdämmungen, ist die damit grundsätzlich verbundene Gefahr der Brandweiterleitung durch besondere Sicherungs-

Brennbare Baustoffe …

maßnahmen zu verringern. Dazu gehört unter anderem die Verwendung schwerentflammbarer Kunststoffbahnen anstelle von Bitumenbahnen, der Schutz der Dachbahnen durch eine Kiesschicht, der Einbau nichtbrennbarer Schutzstreifen und die konstruktive Feuerüberschlagssicherung im Übergangsbereich vom Dach zur Wand.

... erfordern konstruktive Maßnahmen

Vermeiden von Zündquellen

Brände setzen Zündquellen voraus (Abb. 18). Betriebsbedingte Zündquellen ergeben sich aus den angewandten Produktions- und Verfahrenstechniken. Sie sind so abzusichern, daß sich daraus auch nicht im Fall einer Störung unmittelbare Zündgefahren für brennbare Stoffe ergeben.

Abb. 18: Viele Großbrände entstehen durch Unachtsamkeit.

Beispielsweise sind die Heizelemente eines direkt beheizten Trockenofens für Kunststoffformteile gegen die Fördergeschwindigkeit des Trockengutes so zu verriegeln, daß bei

Stillstand oder Unterschreiten der kritischen Geschwindigkeit eine automatische Abschaltung erfolgt. Gegebenenfalls müssen die Heizelemente in eine Sicherheitsstellung gebracht werden, damit die heißen Oberflächen nicht zu einem Nachzünden führen können.
Ähnliche Überlegungen gelten für den notwendigen Schutz vor elektrostatischen Aufladungen bei der pneumatischen Förderung von brennbaren Gasen, Flüssigkeiten und Stäuben, für die sorgfältige Wartung und Instandhaltung elektrischer Anlagen und für die Verringerung der Brandgefahr an Thermoölanlagen durch automatische Abschaltung bei Leckagen.
Statistiken zeigen eindeutig, daß nicht betriebsbedingte Zündquellen, die durch »menschliche Unzulänglichkeiten« und zudem häufig durch betriebsfremde Dritte verursacht werden, weitaus kritischer sind. Diese Risiken lassen sich zum großen Teil durch rein organisatorische Maßnahmen mindern. Das betrifft z.B. das obligatorische Rauchverbot, den Schweißerlaubnisschein und die besondere Sicherung von Dach-Heißarbeiten (Abb. 19).

Organisatorische und …

Zur richtigen Organisation gehört aber auch, daß bei einem Rauchverbot geschützte Raucherräume oder Raucherzonen eingerichtet, die Sicherungsmaßnahmen bei Schweiß- und Brennschneidarbeiten kontrolliert sowie für diese und die Dach-Heißarbeiten Löschmöglichkeiten und gegebenenfalls auch Brandwachen zur Verfügung gestellt werden.
Dort, wo rein organisatorische Maßnahmen erfahrungsgemäß nicht ausreichen, sind sie durch technische Maßnahmen zu unterstützen.

technische Maßnahmen

Beispielsweise lassen sich manuelle Folienschrumpfgeräte durch indirekt beheizte Schrumpfautomaten ersetzen und Akku-Ladestationen für Gabelstapler, die häufig unmittelbar neben Lagerregalen mit brennbarem Inhalt stehen, sollten baulich abgetrennt werden.

Erlaubnisschein für Feuerarbeiten

Ausführung (Firma oder Abt.): ....

Arbeitsort (Firma, Gebäude/Platz, Geschoß, Abt., Örtlichkeit): ....

....

Art der Arbeiten ☐ Schweißen ☐ Brennen/Schneiden ☐ Trennschleifen ☐ Löten/Auftauen

Arbeitsauftrag (Kurzbeschreibung): ....

....

....

Datum und Zeit des Beginns: .... **Voraussichtliches Ende:** ....

Alarmierung
Nächster Feuermelder: ....
Nächstes Telefon: .... Notruf-Nummer: ....

Sicherheitsmaßnahmen

Maßnahmen vor Arbeitsbeginn

☐ Entfernung brennbarer Materialien
☐ Abdeckung/Abdichtung/Verschluß von Öffnungen/Ritzen/Fugen usw.
☐ Bereitstellung von Feuerlöschgerät ....
☐ Festlegung des Gefahrenbereiches und Einweisung der Brandwache/des Schweißpostens
☐ Sonstige Maßnahmen (gemäß Sicherheitscheckliste): ....

....

Maßnahmen während der Arbeitsausführung

☐ Ständige Kontrollen des Gefahrenbereiches durch: ....
☐ Stündliche Kontrolle des Gefahrenbereiches durch: ....
☐ Wiederholtes Befeuchten und Kühlen von Bauteilen durch: ....
☐ Sichern der Arbeitsmittel und -geräte, auch bei kurzen Arbeitsunterbrechungen (z. B. Gasflaschen zudrehen, elektrische Geräte spannungslos schalten usw.)
☐ Sonstige Maßnahmen (gemäß Sicherheitscheckliste): ....

....

Maßnahmen nach Arbeitsbeendigung

☐ Feuerlöschgerät bis zur Abschlußkontrolle bereithalten
☐ Entfernung der Arbeitsgeräte
☐ Zentralablage des vollständig ausgefüllten Erlaubnisscheines, ggf. einschließlich einer dazugehörigen Anlage
☐ Sonstige Maßnahmen (gemäß Sicherheitscheckliste): ....

....

☐ **Kontrollen** der Arbeitsstelle und ihrer Umgebung nach Beendigung der Arbeit

1. (unmittelbar) durch: ....
2. (nach ca. 30 min) durch: ....
3. (.......... Uhr) durch: ....
4. (.......... Uhr) durch: ....

Namen/Unterschriften

1. Genehmigende Betriebsaufsicht: .... / ....
2. Ausführender/Schweißer: .... / ....
3. Brandwache/Schweißposten: .... / ....

Bemerkungen

1. Vorkommnisse: ....
2. Abschluß der Arbeit (Datum, Uhrz., Unterschrift) ....

HANNOVER Sicherheitstechnik GmbH

Abb. 19: Sicherheit muß organisiert und kontrolliert werden.

Explosive Gemische

Von besonderer Bedeutung ist das Vermeiden von Zündgefahren dort, wo durch den Umgang mit brennbaren Gasen und leicht verdampfenden Flüssigkeiten (dazu zählen die meisten Lösemittel) die Bildung explosionsfähiger Gemische nicht ausgeschlossen werden kann.

Brandfrüherkennung

Trotz aller Vorsorge lassen sich Zündquellen nicht sicher vermeiden. Bei Anwesenheit brennbarer Materialien muß deshalb grundsätzlich mit der Entstehung eines Feuers gerechnet werden.
In der Entstehungsphase läßt sich fast jeder Brand problemlos mit geringen Löschmittelmengen löschen (Abb. 20). Für den während der Schicht ständig besetzten Arbeitsplatz reicht der Feuerlöscher aus. Kann sich der

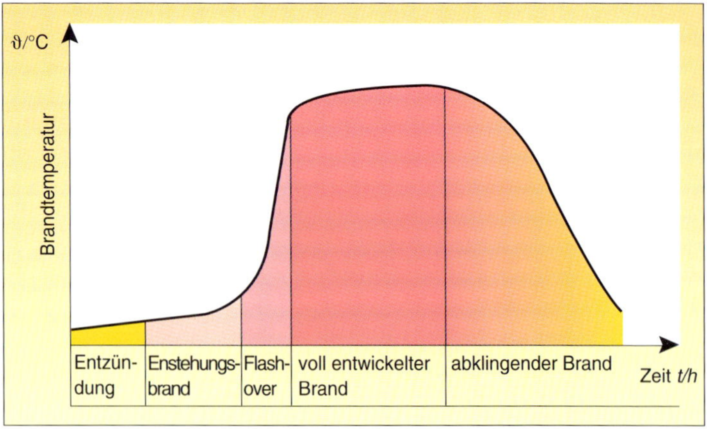

Abb. 20: Brandfrüherkennung erhöht die Chancen auf Löscherfolg.

Brand über die Entstehungsphase hinaus unbemerkt weiterentwickeln, dann bedarf es des Einsatzes der Feuerwehr und großer Löschmittelmengen. Trifft die Feuerwehr nicht rechtzeitig am Brandort ein, dann ist, sofern stationäre Löschanlagen nicht vorhanden sind, der Totalschaden des Brandbereiches vorprogrammiert und die Feuerwehr wird sich auf den Schutz der Nachbarschaft beschränken müssen. Der Brandfrüherkennung kommt deshalb eine besondere Bedeutung zu.

Automatische Brandmeldeanlage

Außerhalb der besetzten Schichten und in nicht ständig besetzten Betriebsbereichen ist dazu die Installation einer automatischen Brandmeldeanlage erforderlich mit Direktaufschaltung zur zuständigen Feuerwache oder zumindest zu einer ständig besetzten Stelle, von der aus verzögerungslos die Feuerwehr alarmiert werden kann. Die Brandmeldeanlage ist durch Einsatz »intelligenter Technik« so zu konzipieren, daß sie trotz möglichst frühzeitiger Branderkennung weitgehend sicher gegen Fehlauslösungen ist und das in den Betrieben häufig praktizierte Abkoppeln der Meldeanlage von der Feuerwehrdurchschaltung endgültig der Vergangenheit angehören sollte. Die Technik dazu wäre vorhanden (Abb. 21).

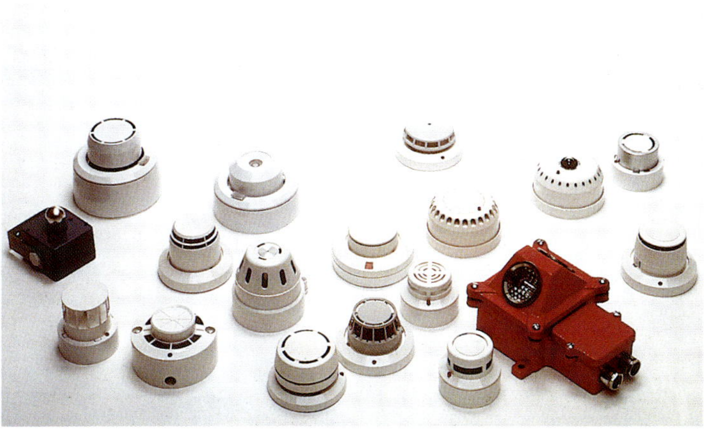

Abb. 21: Moderne Brandmeldetechnik wird allen Anforderungen gerecht.

Brandbekämpfung

Eine wirksame Brandbekämpfung soll die Brandfolgen minimieren und die brandbedingten Ausfallzeiten möglichst gering halten. Das bedeutet: Vermeiden des Totalschadens und weitgehende Sanierbarkeit der Gebäudesubstanz und der technischen Einrichtungen. Dies setzt voraus, daß die Feuerwehr rechtzeitig eingreifen kann. Als rechtzeitig gilt allgemein eine Zeitspanne von 10 min von der Alarmauslösung bis zum Eintreffen der Feuerwehr am Brandort, wobei dieser Erfahrungswert im wesentlichen bestimmt wird durch die thermische Kollapsgefahr der Gebäudekonstruktion. Beim Eintreffen der Feuerwehr am Brandort erfolgt der Erstangriff mit dem fahrzeugeigenen Löschwasservorrat. Parallel dazu erfolgt der zur Großbrandbekämpfung erforderliche Aufbau der Löschwasserversorgung aus den Hydranten und sonstigen Entnahmestellen. Dafür ist je nach Verfügbarkeit der Entnahmestellen nochmals eine Zeitspanne von mindestens

Anrückzeit 10 min

Abb. 22: Löschanlagen sichern einen schnellen und wirksamen Löschangriff.

5 min anzusetzen, in der sich der Brand weiter ausbreitet. Kann die Feuerwehr die 10minütige Anrückzeit nicht sicher einhalten, dann ist eine wirksame Brandbekämpfung über die Feuerwehr alleine nicht sichergestellt und es ist alternativ die Installation stationärer Löschanlagen (Abb. 22) in die Brandschutzkonzeption miteinzubeziehen. Inwieweit dann ein Vollschutz oder ein Teilschutz, ein Raumschutz oder ein Objektschutz, eine automatische oder eine halbstationäre Anlage erforderlich sind, hängt von den betriebsspezifischen Gegeben-

Abb. 23: Sprinkleranlagen werden vom Versicherer mit bis zu 65 % Rabatt honoriert.

Stationäre Feuerlöschanlagen

heiten und dem Schutzbedürfnis ab. Neben hohem Schutz bieten stationäre Feuerlöschanlagen zugleich den Vorteil eines erheblichen Nachlasses auf die Feuerversicherungsprämie, bei Sprinkleranlagen bis zu 65% (Abb. 23).

Betriebliche Feuerwehren

Werkfeuerwehren und Betriebsfeuerwehren sind ein bewährtes Instrument des vorbeugenden und abwehrenden Brandschutzes. Entsprechend ihrer personellen und technischen Ausstattung gewähren die Feuerversicherer bis zu 35 % Beitragsermäßigung. Speziell Werkfeuerwehren sind bei ausreichender Löschwasserversorgung vielfach ein adäquater Ersatz für stationäre Feuerlöschanlagen (Abb. 24). Sie sind

Abb. 24: Die Werkfeuerwehr ist eine wesentliche Stütze des betrieblichen Sicherheitsmanagements.

aber auch Voraussetzung für den wirksamen Betrieb halbstationärer Löschanlagen, bei denen das Löschmittel vor Ort durch die Feuerwehr eingespeist werden muß. Wesentlicher Sicherheitsbeitrag der betriebseigenen Feuerwehren sind ihre Funktionen im vorbeugenden Brandschutz und bei der ständigen Kontrolle brandschutztechnischer Einrichtungen und Maßnahmen. Die betriebseigene Feuerwehr ist in alle sicherheitsrelevanten Planungen einzubeziehen.

Vorbeugung und Kontrolle

Löschwasserversorgung

Eine wirksame Brandbekämpfung setzt eine ausreichende Löschwasserversorgung voraus (Abb. 25). Die Grundversorgung ist durch die Städte und Gemeinden sicherzustellen. Basis der Löschwasserbemessung sind die Richtwerte des DVGW-Arbeitsblattes W 405, das für Industrie- und Gewerbegebiete eine Lösch-

Richtwerte der Löschwasserleistung

wasserleistung bis zu 192 m³/h vorsieht, wobei die Entnahmemöglichkeiten (Hydranten) nicht weiter als 300 m vom Betrieb entfernt sein dürfen. Entsprechend den jeweiligen Risikoverhältnissen kann die Behörde weitergehende Anforderungen stellen.

Abb. 25: Eine ausreichende Löschwasserversorgung ist Grundlage einer wirksamen Brandbekämpfung.

Worst-case-Bedarf

Die praktischen Erfahrungen haben gezeigt, daß diese Grundanforderungen zum einen häufig nicht erfüllt sind und zum anderen vielfach nicht ausreichen. Es liegt deshalb im Interesse des Unternehmens und wird damit Aufgabe des Sicherheitsmanagements, den am Worst-case-Fall orientierten tatsächlichen Löschwasserbedarf festzustellen und unter Umständen eine entsprechend leistungsfähige eigene Löschwasserversorgung aufzubauen. Bei industriellen

Großbetrieben ist dies schon aus Gründen einer kostengünstigeren Brauchwasserversorgung weitgehend Standard.

Notfallorganisation

Schnelles und richtiges Handeln entscheidet bei einem Notfall über das Ausmaß der Schäden und ihrer Folgen. Das Handeln im Brandfall und insbesondere auch das Handeln danach muß vorbereitet und trainiert sein. Unter dem Oberbegriff Notfallorganisation sind alle erforderlichen Störfallreaktionen exakt zu planen, schriftlich zu fixieren und ständig zu aktualisieren. Die Notfallorganisation umfaßt folgende wesentliche Organisationsbereiche:

Reaktionen trainieren

Durch einen detaillierten *Alarmplan* ist sicherzustellen, daß die zur Schadenbegrenzung erforderlichen Stellen verzögerungslos alarmiert und eingebunden werden (Abb. 26). Dazu gehören in erster Linie die Feuerwehren und Rettungsdienste, aber auch die betrieblichen Spezialisten aus dem betroffenen Bereich wie Betriebsleiter, Anlagenfahrer, Elektriker und andere. Neben der Alarmierung muß im zweiten Schritt die nächste Verantwortungsebene informiert werden. Dazu gehören neben der Werkleitung die Behörden, die Presse, der Versicherer und in besonderen Fällen auch die Öffentlichkeit.

Kompetenzen verteilen

Im Rahmen des *Krisenmanagements* müssen klare Kompetenzen festgelegt sein: Wer darf welche Informationen in welcher Form an wen herausgeben? Informationen müssen sachlich richtig sein und zur rechten Zeit an die richtige Adresse gelangen. Für viele Fälle lassen sich gewisse Grundschemata vorher festlegen, die in der Streßsituation des Ereignisses sehr hilfreich sein können. Insbesondere dann, wenn infolge einer Explosion Schäden in der Nachbarschaft bereits eingetreten oder infolge

Abb. 26 (gegenüber): Der Alarmplan muß eine verzögerungslose Alarmierung aller zuständigen Stellen gewährleisten.

umfangreicher Brandrauchausbreitung nicht auszuschließen sind, ist eine schnelle Sachaufklärung der Presse geboten. Dabei sollte das Unternehmen gegebenenfalls in Abstimmung

Alarmplan

für die
betriebliche Feuermeldestelle

Bei **FEUER** und **EXPLOSIONEN** sind zu alarmieren:	Telefon d = dienstlich p = privat	Feuermelder (Ort) Suchanlage (S-Nr.)
1. WERKFEUERWEHR	...	...
2. ÖFFENTLICHE FEUERWEHR	...	...
3. HILFELEISTUNGSWEHR	...	...
4. BETRIEBSFEUERWEHR / LÖSCHMANNSCHAFT	...	...
5. LEITER DER BETRIEBSFEUERWEHR / LÖSCHMANNSCHAFT Name: ...	d: ... p: ...	S-Nr.: ...
Stellvertreter Name: ...	d: ... p: ...	S-Nr.: ...
6. BRANDSCHUTZVERANTWORTLICHER Name: ...	d: ... p: ...	S-Nr.: ...
Stellvertreter Name: ...	d: ... p: ...	S-Nr.: ...
7. BETRIEBSLEITER Name: ...	d: ... p: ...	S-Nr.: ...
Stellvertreter Name: ...	d: ... p: ...	S-Nr.: ...
8. ...	...	...
...	...	...

Bei **UNFÄLLEN** sind zu alarmieren:		
1. UNFALLMELDESTELLE	...	...
2. WERKSARZT Name: ...	d: ... p: ...	S-Nr.: ...
3. ÄRZTE		
Name: ...	...	...
Name: ...	...	...
Name: ...	...	...
4. KRANKENHAUS		
...	...	...
...	...	...
5. ...	...	...
...	...	...

Haftpflichtverband der Deutschen Industrie V. a. G.

mit dem Versicherer einen anerkannten Sachverständigen hinzuziehen, der die tatsächliche Gefährdung nicht nur objektiv richtig einschätzen, sondern auch überzeugend nach außen vertreten und damit die notwendigen Abwehrmaßnahmen mit steuern kann.
Wichtiger Bestandteil der Notfallorganisation ist eine sorgfältige *Aufräum- und Entsorgungsplanung*. Der Großbrand hinterläßt in aller Regel große Mengen an Schutt, die beseitigt und vorschriftsmäßig entsorgt werden müssen. Je schneller die Schadenstätte aufgeräumt ist, desto schneller kann mit dem Wiederaufbau begonnen werden und desto kürzer ist die Betriebsunterbrechung. Schnelles und richtiges Handeln nach dem Schaden läßt sich planen.

Abb. 27: Schadenbedingte und Remontagearbeiten müssen rechtzeitig vorausgeplant sein.

Dazu gehört das Auswählen eines geeigneten Abbruchunternehmens mit entsprechendem Räumgerät und ausreichender Transportkapazität, möglichst auch mit Sonderfahrzeugen und der Transportgenehmigung zum Abtransport kontaminierten Brandschuttes. Es ist zu prüfen, welche Anlagenteile mit welchen Gewichten nach einem Schaden voraussichtlich demontiert werden müssen und wo mobile Kräne mit entsprechender Tragkraft verfügbar sind. Bei dem in Schadenfällen erforderlich gewordenen Einsatz von 1000-t-Kränen war neben der Frage der Verfügbarkeit insbesondere auch die Frage der Aufstellmöglichkeiten innerhalb des dicht bebauten Betriebsgrundstücks zu klären (Abb. 27). Diese Möglichkeiten sollten vorher geplant und festgelegt werden. Zu klären ist auch die gesamte Entsorgungsproblematik, indem vorher bereits festgestellt wird, welche Deponieklassen aufgrund der im Betrieb verwendeten Stoffe und der daraus abzuleitenden Kontaminationen zu erwarten sind, welche Deponien für die Aufnahme dieser Deponieklassen zugelassen sind und wie der Transport sichergestellt wird. Da Anforderungen und Verantwortlichkeiten in den einzelnen Ländern unterschiedlich sind, sollte hierzu die zuständige Aufsichtsbehörde, in der Regel also das staatliche Umweltamt (früher Gewerbeaufsicht) befragt werden.

Abbruchunternehmen und ...

Deponien auswählen

Ausweich- und Wiederanlaufplanung

Ausweich- und Wiederanlaufplanung sind wichtige strategische Hilfen zur Schadenbegrenzung.

In der *Ausweichplanung* ist festzulegen, mit welchen Mitteln die Produktion möglichst schnell fortgesetzt werden kann. Dabei sind

Produktion aufrechterhalten

die Ausweich- und Ersatzmöglichkeiten im eigenen Unternehmensverbund sowie die Möglichkeiten der Lohnfertigung und des Zukaufs bei Dritten genauestens zu untersuchen und vorauszuplanen. Neben den erforderlichen Produktionskapazitäten und den spezifischen Qualitätsanforderungen sind dabei Fragen des Know-how-Transfers zu klären und einschränkende Lizenzvereinbarungen zu beachten.

Verzögerung kurz halten

In der *Wiederanlaufplanung* werden alle organisatorischen und technischen Maßnahmen festgelegt, die eine möglichst verzögerungslose Wiederinbetriebnahme nach einem Schaden unterstützen. Dazu gehören genaue Angaben zu den derzeitigen und alternativen Herstellern der technischen Produktionseinrichtungen wie Fertigungskapazitäten, Lieferzeiten und Liefersicherheit. Dazu gehört auch die Dokumentation und Sicherung von Konstruktionsunterlagen der in Eigenregie gefertigten oder umgerüsteten Anlagen. Speziell bei hochwertigen neuen Maschinen mit langen Lieferzeiten sollte auch die Frage der Gewährleistung im Falle notwendiger Sanierungsmaßnahmen nach einem Schaden geklärt werden. Dieser Punkt führt immer wieder zu langwierigen Diskussionen auf Kosten einer zügigen Schadenbeseitigung.

Die Wiederanlaufplanung umfaßt ebenso das Bereithalten aktualisierter Planungs- und Genehmigungsunterlagen und eine klare Zuständigkeitsabgrenzung der beteiligten Betriebsbereiche.

Provisorischer Weiterbetrieb

Weiterer Bestandteil ist das Durchspielen von Lösungen zum provisorischen Weiterbetrieb in angemieteten Räumen oder aufgestellten Behelfsbauten. Dazu müssen Anmietmöglichkeiten geprüft und ständig aktualisiert, Bezugsquellen für Behelfsbauten registriert und entsprechende Aufstell- und Logistikpläne bereitgehalten werden.

Sicherheitsstandard und Schutzkonzeption

Der betriebliche Sicherheitsstandard ist ein Maß für die Risikoexponierung eines Unternehmens und für die Qualität seines Sicherheitsmanagements. Er orientiert sich an den spezifischen Risiken und am Schutzbedürfnis; einen allgemeingültigen Sicherheitsstandard gibt es nicht.

Schlüssige Konzeption

Der wünschenswert hohe Sicherheitsstandard ergibt sich nicht aus der Summe von Einzelmaßnahmen, sondern ist das Ergebnis einer schlüssigen Schutzkonzeption. Eine Sprinkleranlage, die im Brandfall durch den brennbaren Dachaufbau überlaufen und unwirksam gemacht wird, ist in der Schutzwirkung genauso fragwürdig wie eine Brandmeldeanlage bei einer Feuerwehr-Anrückzeit von 20 min. Ebenso ist eine stationäre Löschanlage als einzige Schutzmaßnahme in einem Nahrungsmittelbetrieb, in der Elektronikherstellung oder in einem Textilkaufhaus unzureichend, wenn bereits die mit ihr nicht zu verhindernde Rauchausbreitung näherungsweise zu einem Totalschaden führt. Das Schutzkonzept hat die Verminderung der Brandentstehungsgefahr, das Vermeiden einer großflächigen Brand- und Rauchausbreitung und die schnelle und wirksame Brandbekämpfung als Gesamtheit zu betrachten, innerhalb der sich die Einzelmaßnahmen sinnvoll ergänzen müssen.

HPR-Philosophie

Der konzeptionelle Ansatz in der Sicherheitsbetrachtung ist für die Industrie und auch für die Industrieversicherer nicht neu. Die HPR-Philosophie (HPR = Highly Protected Risk = hochgeschütztes Risiko) einiger US-amerikanischer Versicherer ist ein häufig zitiertes Beispiel für eine Brandschutzkonzeption, bei der Sprinkleranlagen im Vordergrund stehen. Die in den USA mit gesetzlicher Unterstützung erreichte spektakuläre Sprinklerschutzquote von

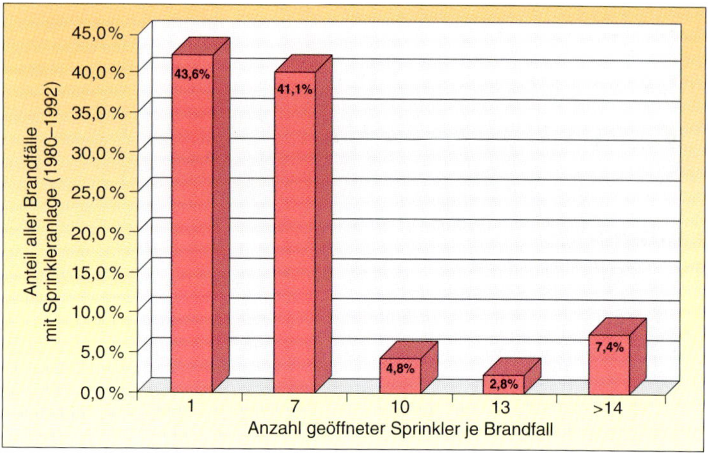

Abb. 28: Hohe Löschwirksamkeit mit geringen Wasserfolgeschäden bei Sprinkleranlagen

gut 80 % ist auf Europa nicht übertragbar. Hier nimmt Deutschland mit etwa 8 % bereits eine Spitzenstellung ein. Diesen Marktgegebenheiten haben sich auch die Vertreter der HPR-Philosophie inzwischen anpassen müssen; die Sprinkleranlage hat in der Gesamtkonzeption nicht mehr die absolute Priorität, sondern beschränkt sich auf den Schutz entsprechend kritischer Betriebsbereiche.

Europäische Philosophie

Auch die Schutzkonzepte der deutschen Industrieversicherer erkennen selbstverständlich den hohen Schutzwert der Sprinkleranlage als Maßnahme des abwehrenden Brandschutzes an (Abb. 28), messen jedoch seit jeher den Maßnahmen des vorbeugenden Brandschutzes eine gleichwertige Bedeutung bei. Die Schutzkonzepte sind den speziellen Bedürfnissen der Industrie angepaßt, von der Industrie akzeptiert und hinsichtlich ihres Beitrags zur Risikominderung bewährt. Sowohl die amerikanische als auch die europäische »Schutzphilosophie« streben unter Berücksichtigung der wirtschaftlichen Vertretbarkeit letztendlich an, Risiken bestmöglich abzusichern.

Organisation des betrieblichen Sicherheitsmanagements

Einbindung in die Unternehmensphilosophie

Als wesentliche Maßnahme der Unternehmenssicherung ist das Sicherheitsmanagement ebenso wie das Finanz-, Produkt- und Vertriebsmanagement Aufgabe der Unternehmensleitung. Die aus dem Sicherheitsmanagement heraus entwickelte Sicherheitsphilosophie ist Teil der Unternehmenskultur und zugleich nach innen und außen wirksames Gütesiegel.
Das Sicherheitsmanagement darf nicht geprägt sein durch gesetzliche oder kommerzielle Zwänge, sondern es müssen der Glaube an seinen Nutzen und die Anerkenntnis der Schadenverhütung als Produktionsfaktor dahinterstehen. Vordergründig sind die Kosten des Sicherheitsmanagements ohne Zweifel augenfälliger als die Erfolge. Die verantwortliche Unternehmensleitung muß aber stets prüfen, ob sie unter Berücksichtigung der wirtschaftlichen Entwicklung auf eine derartige Investition in die Zukunft verzichten kann. Entscheidet sie sich für das Sicherheitsmanagement, dann hat sie dieses im eigenen Interesse auch wirksam zu unterstützen.

Schadenverhütung als Produktionsfaktor

Einbindung der Unternehmensleitung

Oberstes Organ des Sicherheitsmanagements ist die Unternehmensleitung. Ihr obliegt die Verantwortung für die Sicherheit des Betriebes, und sie hat die Aufgabe, durch das eigene Vorbild die Beschäftigten zum sicherheitstechnischen Mitdenken zu motivieren.

Verantwortlich ist nicht das Unternehmen als juristische Person, sondern sind die mit der operativen Leitung beauftragten Personen: in der Personengesellschaft der Geschäftsinhaber, in der Gesellschaft mit beschränkter Haftung die Geschäftsleitung und in der Aktiengesellschaft der Vorstand. Daraus ergibt sich ein persönliches strafrechtliches Risiko der Geschäftsleitungsmitglieder. Es liegt deshalb gleichermaßen im Interesse des Unternehmens und der Unternehmensleitung, dieses Risiko durch eine den spezifischen Gegebenheiten angepaßte *Sicherheitsorganisation* zu verringern.

Strafrechtliches Risiko

Innerhalb einer mehrköpfigen Geschäftsleitung sollte die Verantwortung für die Sicherheit des Unternehmens an ein Mitglied der Geschäftsleitung übertragen werden. Damit ist zugleich der Mitteilungspflicht nach § 52 a des Bundesimissionsschutzgesetzes Genüge getan. Diese Maßnahme stellt zwar eine Konzentration der Sorgfaltspflichten auf ein einzelnes Mitglied der Geschäftsleitung dar, führt jedoch nicht zu einer vollständigen Befreiung der übrigen Geschäftsleitungsmitglieder von der Sicherheitsverantwortung.

Sorgfaltspflichten

Verteilung der Umsetzungsaufgaben

Im nächsten Schritt beauftragt das zuständige Geschäftsleitungsmitglied einen geeigneten Mitarbeiter mit der Umsetzung der sicherheitstechnischen Aufgaben (Abb. 29). Der Mitarbeiter muß aufgrund seiner fachlichen und persönlichen Qualifikation, seiner Stellung in der Unternehmenshierarchie und seiner Kennt-

Übertragung von Unternehmerpflichten
(§§ 9 Abs. 2 Nr. 2 OWiG, 708 Abs. 1 RVO)

Herrn/Frau*..

werden für den Betrieb / die Abteilung*....................................

der Firma..

die dem Unternehmer hinsichtlich des Arbeitsschutzes und der Unfallverhütung obliegenden Pflichten übertragen, in eigener Verantwortung

- Einrichtungen zu schaffen und zu erhalten*
- Anordnungen und sonstige Maßnahmen zu treffen*
- ärztliche Untersuchungen von Beschäftigten zu veranlassen*

soweit ein Beitrag von ....DM nicht überschritten wird.*

Dazu gehören insbesondere:

....

.... den....................................

....
Unterschrift des Unternehmers — Unterschrift des Verpflichteten

* Nichtzutreffendes streichen

Abb. 29: Schriftliches Delegieren von Unternehmerpflichten

nis des Unternehmens in der Lage sein, die ihm übertragenen Sicherheitspflichten ohne Einschränkungen wahrzunehmen. Die strukturelle Einordnung dieses Mitarbeiters und die ihm zuzuordnenden Kompetenzen sind abhängig von der Größe und Gesamtstruktur des Unternehmens. Bei kleineren mittelständischen Unternehmen hat dieser Sicherheitsverantwortliche im wesentlichen die Funktionen eines Sicherheitsberaters für die Unternehmensleitung und eines Sicherheitskoordinators für die übrigen sicherheitstechnischen Aktivitäten im Unternehmen. Er ist deshalb üblicherweise in reiner Stabsfunktion ohne Weisungsbefugnis und mit direkter Berichtspflicht an die Unternehmensleitung angesiedelt.

Strukturelle Einordnung und Kompetenzen

In größeren und Großunternehmen überwiegt inzwischen die *kombinierte Linien- und*

Stabsfunktion als Klammer um die häufig sehr ausgeprägten, eigenständigen Sicherheitsaktivitäten wie Arbeitsschutz, Anlagensicherheit, Umweltschutz, Werkfeuerwehr und Werkschutz (Abb. 30). Der typische *Leiter Sicherheit und Umweltschutz* bleibt in seiner Beratungsfunktion gegenüber der Unternehmensleitung und den übrigen Unternehmensbereichen auf hoher Hierarchieebene in der

Abb. 30: Strukturelle Gleichschaltung betrieblicher und sicherheitstechnischer Aufgaben

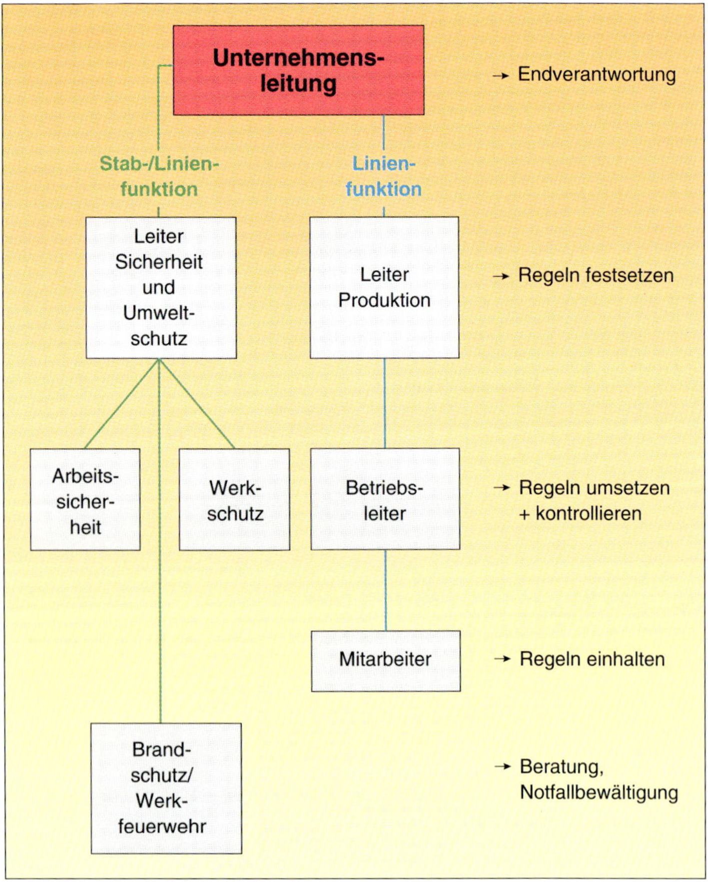

Stabsfunktion, nimmt zugleich aber in der Linie Führungsaufgaben und damit Weisungsbefugnisse gegenüber den ihm unmittelbar unterstellten Sicherheitsbereichen wahr. Diese Konstruktion bedingt zugleich, daß der Hauptsicherheitsverantwortliche mit in die Unternehmensphilosophie und Geschäftspolitik eingebunden wird, um die Belange des Sicherheitsmanagements in beide Richtungen wirksam vertreten zu können.

Kontrollpflicht der Unternehmensleitung

Auch diese gestärkte Position des *Sicherheitsmanagers* befreit die Unternehmensleitung und insbesondere das verantwortliche Mitglied der Unternehmensleitung nicht vollends von der Sicherheitsverantwortung. Es besteht nicht nur eine Berichtspflicht von der unteren zur oberen Delegationsebene, sondern auch eine Pflicht des verantwortlichen Mitglieds der Unternehmensleitung, sich über alle wesentlichen sicherheitstechnischen Belange zu informieren, notwendige Sicherheitsmaßnahmen zu unterstützen und bei erkennbaren Risikosituationen von sich aus aktiv in das Geschehen einzugreifen. In diesem Sinne empfiehlt es sich, ein geeignetes Sicherhcits-Informationssystem z.B. in Form eines Risikokatasters aufzubauen, das alle zur Ausübung der erforderlichen Kontrolle notwendigen Informationen enthalten muß.

Sicherheitsmanagement als ressortübergreifende Aufgabe

Die Sicherheitsorganisation hat grundsätzlich alle Risiken aufzudecken und zudem klar zu regeln, welche Unternehmensbereiche bei der Klärung diesbezüglicher Fragen einzubeziehen sind. Sie stellt weiterhin sicher, daß Risiken nicht nur im laufenden Betrieb, sondern auch bei baulichen, verfahrenstechnischen und

Einzubindende Betriebsbereiche

produktspezifischen Änderungen rechtzeitig erkannt, vermindert oder vermieden werden. Organisatorisch einzubinden sind deshalb alle von der jeweiligen Problemstellung berührten Betriebsbereiche (Abb. 31). Für die Produktqualität und die Produkthaftung sind dies u.a. die Bereiche Forschung, Entwicklung und Qualitätskontrolle, für den Umweltschutz primär der Einkauf, die Produktion und die Lagerhaltung und für den Brandschutz zusätzlich die Anlagenplanung, Bauabteilung und die Feuerwehr. Innerhalb der Projektgruppen sollte die Federführung im allgemeinen beim Sicherheitsverantwortlichen liegen.

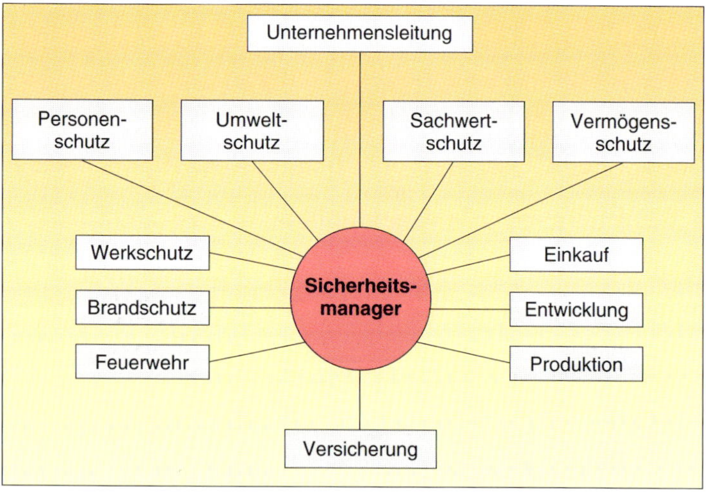

Abb. 31: Der Sicherheitsmanager als Sicherheitskoordinator der unterschiedlichen Einzelinteressen

Wesentlicher Bestandteil der Risikoüberlegungen ist und bleibt das Versichern des Restrisikos. Der im Unternehmen für Versicherungen zuständige Mitarbeiter sollte deshalb unabhängig von der Problemstellung ständiges Mitglied der Projektgruppen sein. Er kann dort seine besonderen Kenntnisse über Deckungsmöglichkeiten und die Zeichnungsbereitschaft der Versicherer, über deren besondere sicherheitstechnische Anforderungen und letztlich auch über die sich daraus ergebenden Versicherungskosten einbringen. Gerade in größeren Unternehmen mit erhöhten Risikopotentialen entwickelt sich das Versicherungsmanagement vermehrt zum Sicherheitsmanagement, so daß der Sicherheitsmanager über die Belange des reinen Versicherungsschutzes hinaus koordinierende Aufgaben im Rahmen der Unternehmenssicherung wahrnimmt.

Vom Versicherungs- zum Sicherheitsmanagement

Organe der Sicherheitsorganisation

Für die Sicherheit im Betrieb sind grundsätzlich alle Beschäftigten verantwortlich. Darüber hinaus übernehmen einzelne Personen und Personengruppen entsprechend ihrer betrieblichen Funktion spezifische Aufgaben und damit auch spezifische Verantwortung im Rahmen des Sicherheitsmanagements. Dazu gehören neben der letztverantwortlichen *Unternehmensleitung*

Träger spezifischer Verantwortung

- die *Fachkraft für Arbeitssicherheit*, die nach dem Arbeitssicherheitsgesetz von 1973 (ASiG) primär für den Arbeitsschutz und die Unfallverhütung, darüber hinaus aber auch für die sonstigen Sicherheitsbelange, z.B. den Brandschutz, zuständig ist,
- der *Sicherheitsbeauftragte,* der nach der Reichsversicherungsordnung primär für den Unfallschutz und dort insbesondere für das Vorhandensein und die ordnungsgemäße Benutzung vorgeschriebener Schutzeinrichtungen und Schutzmaßnahmen sorgt,
- der *Betriebsarzt,* der nach dem Arbeitssicherheitsgesetz neben der medizinischen Betreuung der Belegschaft insbesondere auch die Planung, Ausführung und Unter-

haltung von Betriebsanlagen hinsichtlich ihrer möglichen gesundheitlichen Auswirkungen begleitet, und
- der *Betriebsrat,* dem nach dem Betriebsverfassungsgesetz die Mitsprache bei allen Fragen der Arbeitssicherheit und damit der Gesundheit der Beschäftigten zusteht.

Mitwirkungsrecht und Handlungspflicht

Bei allen im Rahmen des Sicherheitsmanagements zu entwickelnden Aktivitäten ist zu prüfen, ob diese Organe in die Entscheidung und damit in die einzelnen Projektgruppen einzubeziehen sind. Im Rahmen der ihnen gesetzlich zugewiesenen Aufgaben steht ihnen nicht nur ein Mitwirkungsrecht zu, sondern sie unterliegen auch einer Handlungspflicht.

Sicherheitsmanagement beim Industrieversicherer

Das Abwälzen des Risikos auf den Versicherer ist unverändert das mit Abstand wichtigste Instrument der Risikominderung, sowohl in der Industrie als auch in der gewerblichen Wirtschaft. Daran wird sich so bald nichts ändern.

Risiken solidarisch tragen

Versichern bedeutet, ein Risiko auf eine Solidargemeinschaft zu übertragen und damit auf eine Vielzahl von Risikoträgern umzuverteilen (Abb. 32). Dieses bewährte System kann dauerhaft nur funktionieren, wenn die Prämieneinnahmen als Entgelt für die Risikoübernahme den durch den Schadenaufwand geprägten Gesamtaufwand der Erst- und Rückversicherer

Abb. 32: Risikostreuung durch Versicherung

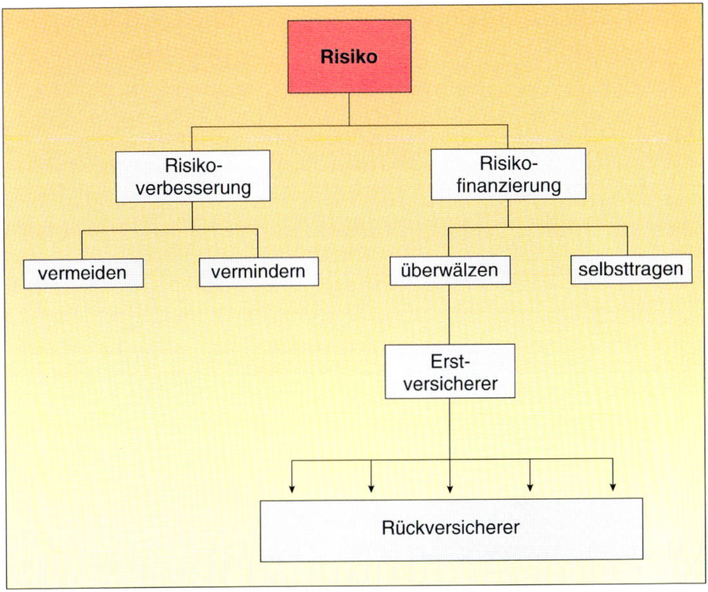

Risiko und Prämie

ausgleichen. Dazu muß entweder die Prämie dem Risiko oder das Risiko der Prämie angepaßt werden. Beides hat unmittelbare Auswirkungen auf die Ergebnissituation der Versicherer und auf die Versicherbarkeit und die Versicherungskosten der Industrie.

Das Sicherheitsmanagement beim Industrieversicherer und das Sicherheitsmanagement in der Industrie greifen deshalb in weiten Bereichen ineinander und bedürfen des gegenseitigen Verständnisses und der partnerschaftlichen Zusammenarbeit.

Risikominderungsbedarf der Versicherer

Die Versicherer und insbesondere auch die Industrieversicherer orientierten sich in der Vergangenheit stark am Umsatz und erklärten sich in ihren Akquisitionsbemühungen immer wieder bereit, die von ihren Wettbewerbern geforderten Versicherungsbeiträge zu unterbieten. Speziell in der industriellen Feuerversicherung hat dies dazu geführt, daß die zum Schadenausgleich erforderliche Bedarfsprämie bis zu 50 % unterschritten wurde. Daraus entwickelten sich über Jahre Verluste von durchschnittlich 300 Mio. DM jährlich mit einer Steigerung auf 1,2 Mrd. DM im Jahre 1990 und einer bisherigen Verlustspitze von 2,0 Mrd. DM im Katastrophenjahr 1991.

Risikogerechte Prämie

Derartige Entwicklungen sind nicht neu. Sie wiederholen sich in einer immer kürzer werdenden Periode und enden mit der Rückbesinnung auf die risikogerechte Prämie. Die dadurch ausgelösten Sanierungsaktivitäten halten dann meist nicht lange vor. Sie werden in aller Regel durch gegenläufige Marktentwicklungen überrollt, bevor sie in vollem Umfang wirksam werden konnten. Dabei bestimmen

neben dem nationalen Wettbewerbsverhalten vermehrt die Aktivitäten ausländischer Anbieter die Marktentwicklungen.
Als Folge dieser Entwicklung haben immer mehr Industrieversicherer erkannt, daß eine positive Ergebnissteuerung über die Prämieneinnahmenseite alleine nicht zu erreichen ist, sondern flankierende Maßnahmen zur Minderung der Risikoexponierung erforderlich sind. Somit gewinnt das Sicherheitsmanagement in der Versicherungswirtschaft auf breiter Front an Bedeutung.

Flankierende Maßnahmen

Notwendigkeit der positiven Risikoauswahl

Der Versicherer muß weg von der blinden Risikoübernahme und hin zu einer sorgfältigen Risikoprüfung. Er ist aufgrund der Entwicklung gezwungen, zum eigenen Schutz Mindestanforderungen für die Versicherbarkeit von Risiken zu formulieren und sein Zeichnungsverhalten konsequent daran auszurichten. Das bedeutet, daß es vermehrt industrielle Risiken geben wird, die diesen Mindestanforderungen nicht entsprechen, und daß immer mehr Versicherer nicht mehr bereit sein werden, ein solches Risiko weiterhin zu übernehmen. Die Versicherbarkeit läßt sich dann auch kaum durch erhöhte Prämien, sondern im wesentlichen nur durch eine Verbesserung des Sicherheitsstandards wiedererlangen. Betreibt der Versicherer eine konsequente Selektion im Sinne einer positiven Risikoauswahl, dann darf die notwendige Verringerung des Risikos für ihn nicht weiter eine unverbindliche Empfehlung sein, sondern muß zum Vertragsbestandteil werden. Der zwischen beiden Partnern abgeschlossene Versicherungsvertrag wird dann vom Entschädigungs-Regelwerk zum beiderseitigen Pflichtenheft, in dem die erforderlichen sicherheitstechnischen Maßnahmen verankert sind – nicht durch den lapi-

Versicherbarkeit von Risiken

daren Hinweis auf allgemeine Sicherheitsregeln und behördliche Vorschriften, sondern durch risikospezifische Umsetzungsvereinbarungen.
Mitbestimmendes Element in der Zeichnungspolitik des Industrieversicherers wird zukünftig verstärkt die Schadenverhütung sein, so wie große Industrieversicherer es bereits seit Jahren mit Erfolg handhaben.

Notwendigkeit einer risikogerechten Prämie
Unter einer risikogerechten Prämie versteht man nicht die »Kundenwunschprämie« und auch nicht die an allgemeinen Schadenstatistiken orientierte Bedarfsprämie. Gemeint ist vielmehr eine Prämie, die sich an den tatsächlichen betriebsspezifischen Risiken orientiert, also an dem Produkt aus betriebstypischem Grundrisiko, Schadeneintrittswahrscheinlichkeit und möglichem Schadenumfang. Prämienrichtlinien können dabei nur eine Orientierungshilfe sein. Maßgeblich ist letztlich die vor Ort durch Fachleute festzustellende Risikoqualität. Sie ist Grundlage der Entscheidung, ob der Versicherer ein Risiko überhaupt übernimmt und in welchem Umfang er es zeichnet. Zugleich ist sie Basis einer risikogerechten Tarifierung und Rabattierung. Damit wird das Sicherheitsmanagement zum Bestandteil der Geschäftspolitik.

Betriebs-spezifische Risikoqualität

Grundsätze des Sicherheitsmanagements beim Versicherer

Das Sicherheitsmanagement beim Versicherer beschäftigt sich in erster Linie nicht mit eigenen, sondern mit von Dritten übernommenen Risiken. Dahinter steht kein gesetzlicher Zwang, sondern die Nutzung des Sicherheitsmanagements als Instrument der Ergebnissteuerung. Der Versicherer ist einerseits Nutznießer des betrieblichen Sicherheitsmanagements und räumt sich andererseits das vertragliche Recht ein, in dieses beurteilend und beratend einzugreifen.

Sicherheitsmanagement in der Industrie und beim Versicherer haben das gemeinsame Ziel der Risikominderung und werden dadurch in den gedanklichen Grundzügen und in der Umsetzung zur gemeinsamen Aufgabe.

Risikoselektion und Verzicht

Im Gegensatz zur Industrie nutzt der Versicherer bei seiner Risikoselektion verstärkt das Instrument des Verzichts. Dies führt zwangsläufig zu Umsatzeinbußen und setzt somit eine Umorientierung zum Ertragsdenken voraus. Es ist Aufgabe der Unternehmensleitung, diese wichtige Voraussetzung für das Wirksamwerden des Sicherheitsmanagements beim Versicherer zu schaffen.

Organisation des Sicherheitsmanagements beim Versicherer

Ebenso wie in der Industrie ist das Sicherheitsmanagement beim Versicherer zuallererst Aufgabe der Unternehmensleitung. Als spartenübergreifende Aufgabe orientiert es sich an den Gesamtbedürfnissen des Unternehmens.

Schadenverhütung in der Linie

Die Schadenverhütung muß als Teil des Sicherheitsmanagements objektiv und frei von Interessenskollisionen umgesetzt werden. Sie ist deshalb nicht einer Fachabteilung zuzuordnen, sondern direkt dem fachlich zuständigen Mitglied der Geschäftsleitung zu unterstellen. Dabei ist Wert darauf zu legen, daß die Schadenverhütung nicht als Stab, sondern ebenso wie die Fachabteilungen in der Linie und mit ihnen auf der gleichen Hierarchieebene angebunden wird. Diese Struktur gewährleistet das notwendige »Miteinander unter Kollegen«

Letzte Instanz Geschäftsleitung

auch bei nicht vermeidbaren Interessenskollisionen, die in letzter Instanz vom zuständigen Mitglied der Geschäftsleitung entschieden werden. Die Geschäftsleitung muß über alle wesentlichen Entscheidungen informiert werden und hat ihrerseits die Verpflichtung, die Schadenverhütung mit in geschäftspolitische Überlegungen einzubinden.

Diese notwendige Anbindung der Schadenverhütung an die Unternehmensphilosophie muß im Sinne eines funktionierenden Sicherheitsmanagements auch dann erhalten bleiben, wenn die sicherheitstechnischen Aktivitäten im Rahmen des Outsourcings in eine eigenständige GmbH eingebracht werden. In der Praxis hat es sich bewährt, den bisherigen Status innerhalb des Mutterunternehmens unverändert beizubehalten und Geschäftsführung und Mitarbeiter zur Erfüllung ihrer Aufgabe per Geschäftsbesorgungsvertrag an die Tochtergesellschaft zu überstellen. Dies stellt sicher, daß das so wichtige kollegiale Miteinander innerhalb des gleichen Unternehmens erhalten bleibt und nicht aus der Schadenverhütung ein von den Fachabteilungen abhängiger Auftragnehmer wird.

Fachliche Voraussetzungen für das Sicherheitsmanagement beim Versicherer

Praktische Erfahrungen

Sicherheitsmanagement und Schadenverhütung setzten umfangreiche praktische Risiko- und Schadenerfahrung voraus. Diese Erfahrung erwirbt man nicht am Schreibtisch, sondern durch ständiges Training vor Ort, in den Betrieben, beim Kunden und mit dem Kunden. Erfahrung heißt hier insbesondere auch aus Schäden lernen. Gerade den Versicherer zeichnet es aus, daß er ein unvergleichbar großes Know-how im Umgang mit Schadenursachen besitzt und daß er diese Kenntnisse auf sein Sicherheitsmanagement und seine sicherheitstechnischen Aktivitäten übertragen kann. Er hat wie kein anderer die Möglichkeit, im Schadenfall festzustellen, welche negativen Folgen sicherheitstechnische

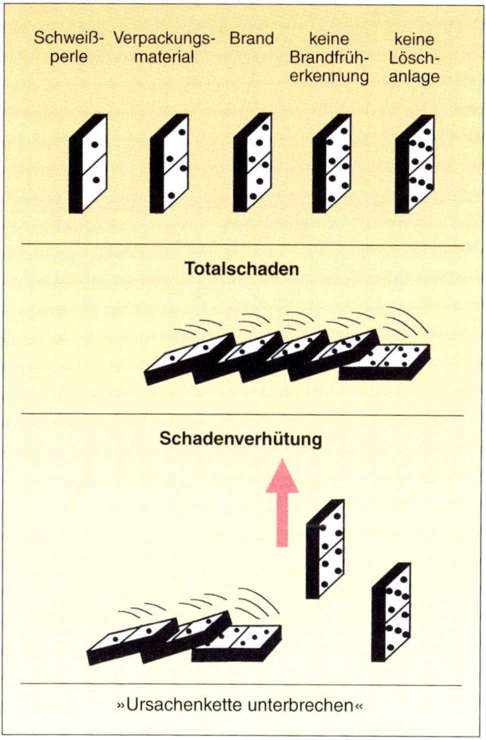

Abb. 33: Schadenverhütung durch Beseitigung von Defiziten

Mängel nach sich ziehen und wie wirksam sicherheitstechnische Maßnahmen einen Schaden begrenzen können (Abb. 33). Neben dem nationalen und internationalen Erfahrungsaustausch muß die Beteiligung der Schadenverhütungsingenieure an allen wesentlichen Scha-

Erfahrungsaustausch

denereignissen sichergestellt sein. Dabei geht es nicht nur um den Wissensaufbau und die Mithilfe bei der Feststellung der Schadenursachen, sondern insbesondere um das Einleiten von Sicherheitsmaßnahmen, um dabei erkannte Defizite abzubauen. Die Bereitschaft zur Umsetzung von Sicherheitsmaßnahmen ist nach einem Schaden besonders hoch. Dies nicht zu nutzen, wäre kontraproduktiv.

Defizite erkennen und abbauen

Risikobewertung als Baustein des Sicherheitsmanagements

Risikoselektion und positive Risikoauswahl setzen eine qualifizierte Risikobewertung voraus. Dazu müssen über die allgemeingültigen Bewertungsgrundsätze hinaus die für die spezielle Zeichnungsphilosophie des Unternehmens gültigen Bewertungsmaßstäbe festgelegt werden. Das Ergebnis der Risikobewertung sollte eindeutig und im wesentlichen nicht mehr diskussionsbedürftig sein. Dazu muß die Bandbreite der Beurteilungsergebnisse auch bei einer Vielzahl sicherheitstechnischer Mitarbeiter auf ein möglichst enges Maß beschränkt bleiben. Neben der notwendigen Erarbeitung von Beurteilungsleitlinien, ständigem Training und entsprechender Kontrolle wird dieses Ziel hervorragend durch computergestützte Risikobewertungsmodelle unterstützt.

Rückversicherung

Wesentlicher Bestandteil der Risikobewertung ist die Ermittlung des wahrscheinlichen Höchstschadens (PML), nach dem der Erstversicherer zugleich seine Rückversicherung festlegt. Auch hier ist die Schadenverhütung gefragt, und auch hier werden vermehrt rechnerische Simulationsmodelle zur Feststellung der Schadenpotentiale bei Explosionen und Schadstoffausbreitungen herangezogen.

Ungünstige Bewertung

Zeigt die Risikobewertung ein ungünstiges Ergebnis, so wird der Versicherer im ersten Ansatz immer versuchen, gemeinsam mit dem industriellen Partner die erkannten Mängel durch sicherheitstechnische Maßnahmen zu beseitigen. Erst wenn dieser Weg scheitert, ist die Entscheidung zu treffen, entweder auf das Risiko zu verzichten, oder aus übergeordneten geschäftspolitischen Gründen das Engagement fortzusetzen. Letztere Entscheidung obliegt bei funktionierendem Sicherheitsmanagement alleine der Unternehmensleitung.

Zukunftsperspektiven des Sicherheitsmanagements

Erkennbaren Risiken begegnen

Der Wille zum persönlichen Schutz und zur Abwehr von Gefahren für Menschen und Sachwerte ist so alt wie die Menschheit. Mit der Fortentwicklung der Zivilisation und der Industrialisierung nahmen zwangsläufig die Risiken zu und wurden komplexer. Sie machten ein systematisches Beschäftigen mit der Gefahrenabwehr erforderlich. Sicherheitsmanagement und Riskmanagement sind die konsequente Fortsetzung dieser Entwicklung. Inzwischen ist die Sensibilität der Bevölkerung in allen Industrieländern ebenso gewachsen wie die Erkenntnis, daß der überwiegende Teil der uns bedrohenden Risiken weder unvorhersehbar noch unabwendbar ist. Es entwickelt sich deshalb ein immer stärkeres Bedürfnis, den erkennbaren Risiken durch sinnvolle Maßnahmen zu begegnen. Wir sind es uns selbst, unseren Nachkommen und dem weiteren sinnvollen Zusammenwirken von Mensch und Technik schuldig, uns äußerst ernsthaft mit den heutigen und zukünftigen Risiken auseinanderzusetzen und alle Möglichkeiten zur Risikominderung auszuschöpfen. Genau hier setzt das Sicherheitsmanagement an. Sicherheitsmanagement ist damit ein notwendiger Beitrag zur Sicherung unserer Zukunft.

Der Partner dieses Buches

HDI VVaG
Riethorst 2
30659 Hannover
Telefon: 05 11/6 45-0
Telefax: 05 11/6 45-45 45

Der HDI Haftpflichtverband der Deutschen Industrie Versicherungsverein auf Gegenseitigkeit mit Sitz in Hannover ist eine Versicherungsgruppe, die im Erstversicherungsgeschäft, im Rückversicherungsgeschäft und im Bereich sicherheitstechnischer Dienstleistungen zu den Marktführern gehört.

Der HDI wurde 1903 als Selbsthilfeeinrichtung von der deutschen Industrie gegründet mit dem satzungsgemäßen Auftrag, seinen Mitgliedern gleichermaßen einen bedarfsdeckenden Versicherungsschutz und schadenvorbeugende Beratungsleistungen zur Verfügung zu stellen. Als sichtbarer Erfolg dieser Gründungsidee sind heute über 90 % der deutschen Großunternehmen Mitglieder des HDI.

Über die deutschen Grenzen hinaus betreut der HDI seine Mitglieder weltweit durch eigene Tochtergesellschaften und durch die Royal Insurance als Kooperationspartner.

Sicherheitsmanagement ist fester Bestandteil der HDI-Geschäftsphilosophie. Die operative Umsetzung der sicherheitstechnischen Beratungsleistungen erfolgt durch die HST HANNOVER Sicherheitstechnik GmbH als Konzerngesellschaft des HDI.